JN410241

문두리 수필집

지금은 나의 봄날

지금은 나의 봄날

문두리 수필집

1판 1쇄 인쇄/ 2018년 3월 20일
1판 1쇄 발행/ 2018년 3월 26일

지은이 / 문 두 리
펴낸이 / 우 희 정
펴낸곳 / 도서출판 소소리

등록 / 제300-2007-21호
주소 / 03073 서울 종로구 성균관로 5길 39-16
전화 / 765-5663, 010-4265-5663
e-mail: sosori39@hanmail.net
www.sosori.net

값 12,000 원

*잘못된 책은 바꿔드립니다.

ISBN 979-11-5891-103-4 03810

책을 내면서

흘려보낸 세월이 금은보화보다 더 귀함을 절절히 느낍니다.

늦었다고 생각할 때가 가장 좋은 때임을 믿고 동여매고 살던 가슴을 열었습니다.

내 글도 어쩔 수 없이 나를 닮지 않을까, 나만을 보고 말하는 독백이 되지 않을까, 염려되지만 오랫동안 망설이고 주저하다 고해성사를 하듯 내놓습니다. 설익은 글을 세상 밖으로 내보내려고 하니 많이 부끄럽습니다.

앞으로 열심히 공부하여 감동이 되는 글을 쓰도록 노력하겠습니다.

2018년 봄날에

저자 문두리

1. 강물이 되었다

2. 홀로서기

3. 둘이 서로 바라볼 때

1.

강물이 되었다

문패 하나 달고 싶다

매달 한 번씩 모이는 동창회가 있다.

12시까지 삼성역에서 만나기로 하여 나갈 준비를 하고 있는데 전화가 왔다.

"두리야, 오늘 모임에 가니?

"그래 가야지, 왜?"

"나도 참석하고 싶은데, 내가 아직 운전할 자신이 없으니 우리 집에 들러 나 좀 태우고 가면 안 될까?"

이 친구는 남편의 사업 실패로 재산 잃고 병까지 얻어 남종면 친정집에서 요양을 하고 있는 중이다. 요즘 병이 많이 호전되었다는 소식은 들었지만 가보지 못해 미안한 마음이 있던 터라 고속버스 타고 다닌다는 말을 못했다.

"그래 열시 반까지 너희 집으로 갈게."

이포를 지나 양평대교를 건너 힐하우스 쪽으로 접어들었다. 이 길은 옛날엔 아름다운 길이었다. 내 생애에 가장 슬프고 고통스러운 때가 있었다. 어느 누구의 말도 위로가 되지 않았지만 이곳에 와서 유유히 흐르는 강물을 바라보고 있으면 옹졸한 마음이 조금은 가라앉곤 하였다. 강섶에 도도하게 피어있는 수련을 바라보며 다시 옷깃을 여미고 일어서는 힘을 얻었고. 강가에 여린 갈대가 바람에 흔들리면서도 꺾이지 않는 강인함에 감동과 위로를 받던 곳이다.

지금은 개발이라는 명목 아래 숙박업, 요식업, 퇴폐업소가 불야성을 이루고 있다. 맞은편에 상수도 보호지역이라는 표지판이 있어 낯이 부끄럽다. 허가해 준 당국을 이해할 수 없다.

남종면으로 들어가는 길은 예나 지금이나 크게 변한 것이 없어 다행이다.

도착하니 친구가 집밖 큰길에 나와 기다리고 있었다. 시간이 없어 어머니께 인사도 못하고 서울로 향해 달렸다. 자동차를 개포동 큰딸 집에 주차 해놓고 택시를 타고 약속장소에 도착하니 친구들이 기다리고 있었다. 점심을 먹고 커피숍에서 커피를 마시며 이런저런 이야기꽃을 피우는데 한 친구가 나를 향해 말을 건넨다.

"두리씨 요즘 수필 공부한다며? 다 늙어 무슨 글공부냐. 책 읽으면 눈 나빠지고 앉아 있으면 배 나오고, 등단은 아무나 하나. 등단한들 무엇 할 건데?"

충고인지 위로인지 그 말에 커피 맛이 싹 달아난다.

반면에, 옆에 있던 친구가 "나이가 무슨 상관이야. 역시 두리씨는 멋쟁이야. 열심히 해서 등단도 하고 출간도 해. 훌륭한 작가가 될 수 있을 거야." 하며 용기를 심어준다.

예순의 나이에 늙었다고 생각하는 사람이 있고 여든이 되고 아흔이 되어도 자신만만한 멋진 삶을 살아가는 사람도 있다.

사무엘 울만은 「청춘」에서 '청춘이란 인생의 어느 기간이 아니라 마음의 상태이고 나이를 먹는다고 해서 늙는 것이 아니라 이상을 잃어버릴 때 늙는다.'고 했다. 인간의 기대수명은 어느 때보다 길어졌다. 나이가 많든 적든 누구나 자신이 가지고 있는 능력을 최대한 발휘하여 내 안에 숨어 있는 잠재력을 확장해 나갈 수 있는 지구력을 지니고 있다.

을미년을 맞은 지가 어제 같은데 한 해의 중심인 칠월은 뒤돌아보지도 않고 달아났다. 수필공부 하겠다고 한 발 한 발 책갈피에 들여놓고 영혼을 모아 촉수마다 불을 켜고 앉아 펜을 잡았다. 나에게 주어진 세월 귀한 줄 모르고 흥청망청 써버린 안타까움이

여! 세월이 금은보화보다 귀하다는 것을 새삼 느낀다.

1월에서 12월까지 달력에 써놓은 실천 계획표를 응시하며 나사를 조이고 기름을 치고 반짝반짝 닦는다.

성큼 다가온 황혼을 완강히 거부할 때도 있지만 젊은 시절 깨닫지 못한 인생의 경험과 삶의 지혜는 연륜이란 늪에서 피어난 한 송이 꽃이라 생각한다.

지금 이 순간도 간결하고 아름다운 언어 조각들을 건져 올리기 위해 영혼을 깨우려고 생각을 궁굴리고 있다.

그 나이에 무슨 글을 쓴다고, 등단은 아무나 하나. 변화를 거부하고 낡은 생각의 틀에 갇혀 있는 그 친구에게 보여주기 위해서라도 열심히 써야겠다고 다짐한다.

길섶에 피어있는 패랭이꽃 한 송이에도 발길이 머물고 담장 위에 피어있는 붉은 장미의 정염에도 마음 빼앗기는 소녀 같은 마음이 아직 남아있음은 내가 가진 큰 자산이다.

시작에는 늦음이 없지 않은가.

늦었다고 생각할 때가 가장 좋은 때임을 믿고 천둥 속 벼락 같은 열정으로 세모네모 집을 지어 그곳에 내 문패 하나 달고 싶다.

가을 산행

계절이 바뀔 때마다 도지는 역마살이 올해도 어김없이 찾아왔다. 어디론가 떠나고 싶은 충동으로 여기저기 전화를 걸어본다. 친구도 여럿 있고 자매도 있지만 막상 여행을 함께 갈 사람이 없다. 여행이란 안내해 줄 가이드도 필요하지만 대화를 나눌 수 있는 친구가 필요하다.

혼자라도 가을 산행을 즐기고 싶어 궁리중인데, 작년여름 함께 등산 갈다 온 친구로부터 전화가 왔다. 남원 외삼촌댁에 외할머니 제사가 있다며 함께 갔다가 다음날 산행을 하자고 하여 그렇게 하기로 하였다.

용산역에서 오전 기차를 타기로 약속했다. 분주히 움직이는 인파 속에 떠밀리며 매표소 옆 광장에 도착했다. 여행을 떠나는 젊은 팀들이 모여 있다. 일렁이는 수풀처럼 싱그러운 푸른 청춘들 사이에 끼어 앉으니 갑자기 젊어진 듯 힘이 솟는다.

오랜만의 기차 여행에 나도 덩달아 들뜬다.

자동차로 떠나는 여행은 챙길 것이 많았는데 이번에는 속옷 몇 가지와 주민등록증, 카드만 챙기면 된다. 우리가 앉은 앞좌석 사람들도 옷차림을 보니 등산 가는 사람들이다. 좌석을 돌려놓으니 네 사람이 마주 앉게 되었다.

여행이란 말이 정감 있게 들리는 것은 여유로움의 의미가 있기 때문이 아닐까. 사람들의 얼굴엔 여유가 넘쳐난다. 오래전부터 알고 있는 사람들처럼 서로 군것질을 권하며 등산 이야기를 끝없이 하고 있다.

어느새 남원역에 도착하니 점심때가 되었다. 추어탕 집에 들어가 맛있게 점심을 먹고 택시로 외삼촌댁으로 간다. 창밖으로 보이는 가을 들판이 아름답다. 추수하는 사람은 보이지 않고 콤바인만 오가며 벼를 거두고 있다. 파란 나무들 사이에 빨간 지붕들이 옹기종기 정답게 마주보고 있다. 감나무 가지마다 붉은 감이 가지가 늘어지도록 달려있어 마음이 편안해지고 마치 고향 가는 느낌이다. 마당에 들어서니 지지고 굽는 제사 음식 냄새가 정겹다.

배낭을 내려놓고 혼자 밖으로 나와 예쁘게 꾸며놓은 이웃집 뜰도 들여다보고 골목길을 따라 걷는다. 옛사람들의 솜씨를 느끼며, 이끼와 넝쿨들이 어우러진 오래된 돌담길 따라 걷다보니 동네 뒷산으로 올라가는 고샅길이 보였다. 길섶에 하얀 들국화 꽃이 무리지어 피어있고, 키 작은 나무들은 어느새 붉은 물감을 뿌려 놓은 듯 단풍들어 노을빛에 붉게 타고 있다.

이렇듯 아름다운 오솔길을 걷고 있으면 불현듯 밀려오는 그리움, 그리움이란 어떤 대상이 아니어도 호젓한 길에 마음이 머물면 향기처럼 피어나는 내 마음의 순수이다. 그리움의 의미가 진하면 진할수록 때 묻지 않은 순수가 남아있다는 증거가 아닐까. 오늘도 외로움을 즐기며 오솔길을 서성인다.

어느새 해가 서산 끝에 머물고 어깨가 서늘하여 오솔길을 내려오니 친구가 찾고 있다. 뒷방에 가서 쉬라고 한다. 방 천장엔 세월의 흔적이 검게 묻어 있는 서까래가 촘촘히 박혀있고 아랫목이 따뜻하여 어릴 적 고향집 생각이 난다.

"두리야, 너는 천주교인이기 때문에 제사음식은 먹지 않지?"

친구가 말했다.

"나는 기독교를 믿지만, 조상의 제사 모시는 것은 우상이 아니라고 생각해서 그런 것 가리지 않아."

옛날에는 12시가 되어야 제사를 모셨는데 요즘은 9시면 제사를 모신다고 한다. 식구들과 저녁을 먹고 아랫목이 따뜻한 작은 방에 누워 오랜만에 듣는 귀뚜라미 소리에 천천히 눈을 감고 잠을 청해본다.

이튿날 외할머니 산소에 가니 옆 밤나무 밭에 입을 쩍 벌리고 있는 밤송이들이 지천으로 떨어져 있다.

높지도 낮지도 않은 산길을 두어 시간 걸었더니 다리에 힘이 오르고 기분이 좋아진다. 정상에 올라 아래를 내려다보니 풍성했던 가을 들판과 비워가는 산과 들이 소진해가는 우리의 모습 같다. 나그네인 우리 인생도 가을을 지나가고 있다.

건너편 산자락에 은빛 억새가 바람에 휘날린다. 먼 곳에서 바라본 억새는 촛불을 밝혀 놓은 것 같이 햇볕에 반짝인다. 바람 불면 바람에 흔들리고 비 오면 비에 젖고 파란 손 시리도록 정성으로 빌고 있는 흰머리 할머니가 생각난다.

구름 한 점 없는 하늘이 눈부시게 빛나고 울긋불긋 휘날리는 단풍도 좋지만 길섶에 작은 들꽃들이 씨앗을 가슴에 안고 순명해가는 자연의 숭고함도 아름답기 짝이 없다.

내려갈 때는 작은 암자를 지나 내려가기로 했다.

가져간 음식을 풀어놓고 흙냄새 낙엽 타는 냄새가 짙은 산자락에 앉아 먹는 점심은 꿀맛같이 달다.

암자 마당 앞으로 샘물이 흐르고 있어 물 한 바가지 떠서 마시고 나무 그늘 의자에 앉았다. 산행을 마치고 내려온 사람들이 부처님 앞에서 절을 하며 소원을 빌고 있다.

사람마다 소원이 다르겠지? 벼랑 끝의 삶일지라도, 새 힘 되는 깨달음으로 돌아가길 부처님은 바랄 것이다.

오늘은 즐거운 가을 산행이었다. 낯선 사람, 낯선 환경, 낯선 언어 속에 있을 때 생기가 돋는다. 내면이 넓고 깊어지기를 원한다면 여행을 떠나라 그곳에 삶의 진수가 있다고 말하고 싶다.

(2014. 가을)

강물이 되었다

강을 따라 걷는다. 강물이 내게 말한다.

낮고 좁은 골짜기를 흘러서 냇물이 강물이 되고, 바닷물이 되듯이 삶의 여정도 그러하다고….

해질녘 강을 따라 걷다가 강물이 되었다. 재잘거리는 아이들처럼 쉬지 않고 소리내며 평화롭게 흐르는 것 같지만 그 속에는 혼자 감당해야 하는 슬픔과 아픔이 있다. 수시로 찾아온 인파들이 남기고 간 쓰레기가 상처로 남는다.

물은 모든 생명체의 근원이다. 우리 몸도 물의 일부분이라고 생각해 보면 자연을 훼손하는 행위는 우리의 몸을 허무는 행위와 다를 것이 없다.

자연을 우리가 살아가는데 하나의 수단으로 쓸 것이 아니라 내 몸의 일부분으로 생각한다면 지구의 환경오염이 문제가 되지 않을 것이다.

강물은 맑은 물과 흙탕물이 하나 되어 흐르지만 주위의 환경에 따라 잔잔히 흐르기도 하고 강하게 굽이치기도 하며 맑게 또는 흐리게 되기도 한다.

강물은 홀로 흐르지 않는다. 잔잔한 리듬에 맞추어 서로 어우러져 흐른다. 여러 곳에서 모인 물이 하나의 물길이 되어 가는 과정에는 서로를 거리낌 없이 수용하는 너그러움이 있다. 오염된 하천 물이라고 거부하고 청정구역 일급수라고 받아들이지 않는다. 빗물이건 강물이건 공장폐수건 가리지 않고 품어 안고 함께 흘러 바다라는 큰 세상과 만나게 된다.

강물은 자신을 스스로 치료하는 유일한 의사다. 아무도 흉내 낼 수 없는 너그러움으로 무수히 많은 생명들을 품는다. 때로는 흐름을 방해하는 장해물도 만나게 된다. 거슬러 오를 수 없는 장해물 앞에서 아픈 울음을 토하기도 한다.

누군가를 받아들여야지 하면서도 자존심의 울타리를 촘촘히 쳐놓고, 자신만의 기준을 두고 거기에 준하여 받아들이지 않았던가. 옹졸한 삶이다. 앞으로 남은 삶은 흐르는 물처럼 누구나 드나들 수 있도록 열어 두어야겠다는 생각을 한다. 강을 따라 걷다보니 무한한 깨달음이 생긴다.

나는 바다나 호수나 강이 있는 곳을 좋아했다. 여름이면 햇볕이 내리쪼이는 냇가에서 까맣게 그을릴까 봐 갈대숲 속으로 들어가 달구어진 돌멩이를 귀에다 대고 흐르는 물소리와 바람소리를 들었다. 사춘기 시절 어딘가로 떠나고 싶어질 때면 내 몸도 강물에 떠내려가고 싶다는 충동이 일기도 했다. 흐르다 어디쯤 다다르면 그곳에서 새롭게 정을 붙이고 살 수 있지 않을까. 나를 알지 못하는 낯선 곳에서 마음껏 자유롭고 싶다는 엉뚱한 생각을 할 때가 있었다.

할머니께서는 수시로 '두리는 사주에 물이 부족하니 호수나 바다가 있는 주변에서 살아야 건강하게 살 수 있다'고 하셨다. 미신 같은 소리지만 지금까지 강이나 호수가 있는 곳에서 살아온 것 같다.

지금도 남한강에 홀려 여주로 이사하지 않았나 싶다. 달빛이 고요히 내리고 있는 강과 둑 사이엔 바람에 스치는 쓸쓸한 갈대의 이야기도 벌레들의 울음소리도 있다. 그들을 품어 안고 강은 속삭이며 흐른다.

강을 휩쓸던 바람 한 줄기가 가슴팍을 헤집는다. 노을이 살며시 내려 앉아 일렁인다. 숨어 있던 어둠도 강섶으로 내려온다.

건너편을 바라보니 높은 아파트의 그림자와 찬연하게 빛나는 가로등 불빛이 강물 위에 길게 누워 평화롭게 일렁이고 있다.

세상모진 풍파의 늪을 지나, 나도 여기까지 흘러왔다. 나도 강이 되었다. 봄바람이 스치는 초저녁 강가에 새순 돋는 소리가 희망차다.

(2014. 봄)

야생 나팔꽃

"나, 어때요. 나하고 같이 살아요."

"비 올 때 바람 불 때 꺾이지 않도록 안아줄 게요."

화려한 꽃들이 없어지기 전에는 꽃이라 봐주지 않아도 한결같이 방실방실 웃고 있는 나팔꽃이 아침 운동길에 눈을 맞추며 말을 걸어온다.

혼자서는 우뚝 설 수가 없어 자기보다 키 큰 나뭇가지나 잡풀들을 붙잡고 아양을 떨며 기어오른다.

나팔꽃은 종류가 많다. 창가나 울타리에 관상용으로 키우는 남색과 붉은색 송이가 잎과 꽃이 큰 것도 있지만 들판이나 묵정밭 나무의 줄기를 감고 올라가는 야생나팔꽃은 앙증스럽게 작다. 아침에 피었다 저녁에 지는 짧은 삶이지만 한 송이 지면 또 한 송이 피우는 꿋꿋한 인내로 초여름부터 가을까지 핀다. 올망졸망한 줄기에 식솔도 많다.

벌과 나비를 유혹할 수 있는 화려한 빛깔이나 향기가 부족한 나팔꽃은 먼저 아무에게나 함께 살자고 내미는 작은 손과 무엇하고도 잘 어울리는 엷은 분홍색의 꽃송이가 소박해 보여 마음이 간다.

내세울 자랑거리가 적은 사람이 고운 심성 하나로 어떤 것이라도 수용하며 잘 어울려 살아가는 것처럼, 나이가 들면서 눈에 띄게 되는 것들이다. 생명력이 강해서 아무데서나 잘 자란다. 삼복더위에도 아랑곳하지 않고 비바람에도 저항하지 않으며 작지만 야무지게 생긴 줄기로 바람에 흔들리는 나무들을 부러지지 않게 감싸 안아준다.

사람의 손길을 받으며 핀 온실 안의 꽃보다 만고풍상을 겪으며 스스로 피었다 스스로 지는 야생의 당당함이 아침 햇살에 눈부시다.

오랜 세월 기억에서 멀어졌던 나팔꽃을 한참 들여다보고 있으니 하얗게 웃고 있는 둥근 얼굴들이 생각난다. 산과 들을 뛰어다니며 놀던 소녀 시절 한 순간을 지난 듯한데 세월이 많이 흘렀다. 보고 싶은 친구들, 어디서 어떻게 살고 있는지. 다른 사람에게 어떻게 보일까 늘 전전긍긍하며 남의 눈을 살피던 나는 누가 보아주건 보아주지 않건 당당하게 피었다 스스로 지는 야생화를 그래서 좋아하나 보다.

걷기운동 하는 길 양쪽에는 들꽃이 만발하다.

"나 좀 봐 주세요. 좁고 낮은 곳에 살아도 제 이름도 불러주세요."

빵끗이 웃으며 살랑살랑 몸을 흔든다. 예쁘다는 감탄사를 하지만 막상 꽃의 이름을 모른다. 식물도감을 사서 공부하여 이름을 불러 주고 싶다. 앙증맞은 야생화들은 일시에 화르르 꽃잎을 열고 상큼한 향을 쏟아낼 것 같다.

나날이 자라는 들꽃들은 이파리를 넓게 펼치려고 자리다툼을 하는 듯하다.

강가 공원에는 측백나무와 느티나무가 줄지어 서 있다. 연초록 잎들이 검푸른 색으로 나날이 짙어갈 때 윤기 나게 반짝이며 그늘을 길게 드리운 느티나무가 그 아래 앉으라며 자리를 내준다.

지친 다리를 펴고 앉으면 나무의 넉넉함에 금세 피로가 풀리고 새 힘을 얻는다.

산이나 들녘에 서면 유심히 보지 않던 작은 들풀 하나에도 삶이 묻어 있다는 것을 발견하게 된다. 자연 속에 있으면 외롭고 서럽던 마음도 삶의 버거움도 잊게 해준다. 남은 인생길에서 버거운 삶이 닥친다 해도 한 송이 지면 또 한 송이 피우는 나팔꽃의 인내로 살아갈 수 있으리라 아침 운동길은 행복하다.

대나무 예찬

겨울에 남녘으로 여행을 하다보면 창밖으로 진초록의 대숲이 마음을 사로잡는다. 남쪽으로 내려가면 내려갈수록 대숲이 점점 풍성해짐을 볼 수 있다. 대나무하면 담양이지만 구룡포와 감포에도 수천 평의 대숲이 바다를 바라보고 있다. 서늘한 대숲 속을 걷는 것도 좋지만 갯바람에 흔들려 잎 부딪는 소리는 더 좋다. 대숲에 들어서면 가슴이 설렌다.

하얀 눈이 댓잎에 내려앉아 무거운 듯 머리를 숙인 대숲은 기와지붕이나 초가지붕도 잘 어울리는 빼어난 경치 가운데 하나이다. 진초록 댓잎 위에 하얀 눈이 살포시 내려앉은 풍경은 설명할 수 없을 정도로 매혹적이다. 이처럼 잘 어울리는 경치는 겨울 대숲에서만 볼 수 있다.

겨울엔 진초록 이파리 위에 하얗게 쌓인 눈이 무거워 축 처지면 바람 불기를 기다린다. 바람이 쉬익쉬익 소리를 내며 눈을 떨어 준다. 가벼워진 잎들이 바람을 안고 부비며 아름다운 소리를 내며 춤을 춘다. 대밭에서 이는 바람은 천생연분이다.

북풍한설 매서운 바람이 부는 밤이면 댓잎 부딪는 소리와 바람소리가 문풍지 흔 들고 들어와 이불깃을 파고드는 호젓한 밤도. 대숲에서 우는 밤 고양이 울음소리도, 잊히지 않는 추억들이다.

곧고 바르게 자라면서 제 몸속은 한 번도 채워보지 못한 채 마디마디 비워놓았다. 나무 가운데 유일하게 속이 빈 대나무는 줄기가 가늘고 키가 크기 때문에 속을 비우지 않으면 작은 바람에도 쉽게 꺾일 것이다.

대나무는 날카로워 보이지만 부드럽고, 단단해 보이지만 낭창낭창하여 무엇이건 만들 수 있는 유연성을 가지고 있다. 도도한 절개와 곧은 마음은 어떤 강풍에도 꺾이지 않는다.

뿐인가, 사시사철 푸르름 과시하고 기품 있는 지조와 절의로 사군자로 평가받아 선비들의 사랑을 듬뿍 받았다.

큰 나무가 세력을 넓히면 그 밑에 있는 온갖 풀들이 죽어가는 희생이 따르기 마련이다 그러나 오직 대나무는 옆으로 가지를 뻗치려 하지 않는다. 한 뼘 앉은 자리 고마워 하늘만 향하여 곧은 줄기를 마디마디 이어간다.

대나무가 있는 집에서 성장한 나는 대숲에 대한 추억이 많다.

언니가 시집갈 때 초례청에 한 쌍의 원앙과 함께 선녹색의 댓잎이 달린 대나무를 꽂아 사시사철 변하지 않을 사랑을 다짐하며 혼인식을 올렸다.

정월 대보름날 집안의 악귀(惡鬼)를 쫓아내기 위해 대빗자루를 태우고 굵은 대나무와 소나무를 베어다 달집을 지었다. 소원을 빌고 불을 질러 태운다. 소나무 타는 냄새와 대나무 마디 터지는 소리가 요즘 폭죽 터지는 것 같이 요란한 소리를 내며 액운을 쫓았다.

아들 선호사상이 강하던 시대에 어머니는 딸 넷을 낳고 아들을 낳았다. 아버지는 좋아하시며 대나무를 베어다 새끼줄에 빨간 고추를 매달아 금줄을 치셨다. 액운을 막기 위한 방법이고 불결한 사람은 들어오지 말라는 표시이다. 동네에서 고사를 지낼 때나 정성 드리는 일을 할 때는 언제나 대나무로 액을 막고 청결을 표시하였다.

총이 없던 시대에 대나무로 만든 활과 화살은 가장 중요한 무기였다. 동학봉기 때 죽창으로 무장한 전봉준이 난을 일으켰고, 대나무로 만든 죽창을 지금은 검도할 때 연습용으로 쓰지만 옛날에는 중요한 무기 중 하나였다.

고산 윤선도는 오랜 세월 동안 귀양살이를 하면서 대나무, 소나무, 물, 돌, 달 다섯 가지를 벗으로 여기고 시를 읊기도 하였다.

> 나무도 아닌 것이 풀도 아닌 것이
> 곧기는 누가 시켰으며 속은 어이 비었는가.
> 저렇게 사시에 푸르니 그를 좋아 하노라.
>
> -「五友歌」 중에서

대나무의 곧은 성품과 속이 비어 있는 모습은 관직과 재물을 탐내지 않고 마음 비운 선비의 자세를, 그리고 늘 푸른 색깔에서 기개를 느끼며 자신에 견주었는지도 모른다. 전라남도 완도군 보길도에 고산이 유배생활 할 때 계류를 막아 연못을 만들고 그 옆에 세연정을 짓고 대나무를 심어 사시사철 푸르름을 즐겼다고 한다. 선비의 덕목이 학식이 많고, 행동과 예절이 바르며, 의리와 원칙을 지키고, 인품이 고결하다고 한다면 대나무는 이 모두를 갖추었다고 할 수 있다.

조선시대에 서당은 초등학교 교육기관이고, 서원은 중등교육기관인데, 서당과 서원에 대나무를 많이 심어 제자들 마음속에 선비정신을 심어주고자 하였다. 지금의 학교에도 대나무를 많이 심어 선비정신인 의리와 원칙을 지키는 교육을 했으면 좋겠다.

국회의사당 정원에도 대나무를 많이 심어 꼿꼿하게 솟은 줄기와 촘촘하게 이어진 마디를 보면서 진취적인 사고와 공명정대한 태도로 의리와 원칙을 지키는 국회의원들이 되었으면 좋겠다. 늘 푸른 대나무처럼

김장하는 날

큰딸이 김장을 하자고 전화를 했다.

해마다 우리 집에서 김장을 해서 각자 나누어갔는데, 큰사위가 "올해 김장은 저희 집에서 하세요."라고 한다.

1년에 한 번 형제들끼리 모여 김치속이 짠지 싱거운지, 서로 입에다 넣어 주며 간을 보고 마루에 둘러앉아 이야기꽃을 피우며 김치소를 넣는다. 오늘은 사위들도 한몫을 한다. 돼지 목살도 삶아서 김치 겉절이에 싸서 소주 한 잔씩 주고받으며 먹는 것도 별미다. 오늘은 사람 사는 것 같아서 행복하다.

사남매가 한창 자랄 때는 겨울 김장을 100포기씩 담았다. 그 시절, 봄에는 장 담그는 일에 정성을 쏟았고 가을엔 김장하는 일과 연탄 쌓는 일이 큰 행사였다.

된장, 고추장 담가놓고, 김칫독 땅에 묻어놓고, 창고에 연탄 들여놓으면 겨울준비는 끝난다. 부자가 부럽지 않았다. 김장을 할 때는 품앗이로 하기 때문에 옆집과 앞집과 뒷집 모두가 김장하는 날을 다르게 잡는다. 그런 날은 양지머리 고기를 사다가 배춧국을 한솥 끓여 이웃들과 나누어 먹었고 배추 겉절이도 이집 저집 나누어 주었다. 김치를 담글 땐 누구네 김치가 맛있다, 맛이 없다 입방아를 찧어도 재미로 여겼다. 뭐니 뭐니 해도 간이 잘 맞아야 맛있는 김치가 된다.

대부분 김치냉장고가 없던 시절이라 김장하는 날엔 남편들이 앞마당을 깊이 파고 김칫독을 묻어주었다. 김치가 얼지 않도록 덮어주기도 한다. 그때의 겨울은 몹시도 추웠다.

요즘처럼 단절된 주거공간인 아파트가 아니라 주택이라 경계가 높지 않아 서로 형편을 잘 알 수 있었고 누구네 집 숟가락이 몇 개인지도 꿰고 살았다. 가끔은 이웃과 어울려 김치 맛을 서로 보여주며 함께 밥을 먹기도 했다. 큰 양푼에 밥을 비벼 여럿이 둘러앉아 배추김치 쭉쭉 찢어서 밥 위에 척척 걸쳐 입을 크게 벌리고 먹던 그 시절이 참 좋았다.

그때는 모두가 가난하게 살았지만 연탄이 떨어지면 서로 빌려주고 돈 떨어지면 슈퍼에서 월급 탈 때까지 외상도 주었다.

생각해보면 가난했어도 인정이 있던 그 시절이 살기 좋았다.

가을걷이 끝나는 시월상달엔 도시에서 농사를 짓지 않아도 햅쌀로 떡을 만들어, 한 골목 이웃과 더불어 태평하길 빌며 고사도 지내고 떡을 나누어 먹었다.

지금은 어느 집에 누가 사는지 모른다. 같은 아파트 같은 동, 같은 라인에 살아도, 서로 인사도 하지 않고 산다.

자식이 부모를 죽이고 형제들끼리 벌어지는 참혹한 일들이 서로 믿지 못하고 불신하기 때문이다. 옛날처럼 이웃과 더불어 속을 터놓고 정을 주고 산다면 불안하고 외로운 마음이 조금은 안정이 되어 순간의 참혹한 일들은 면하지 않을까 하는 생각도 해본다. 풍족한 물질 만능시대에 살면서 우리는 어쩌다 이렇게 자신만 아는 정 없는 사람으로 변했을까. 이웃과 더불어 김장도 하고 차도 마시는 그런 날이 왔으면 좋겠다.

올해 김장은 사위들의 잔소리와 딸들의 수다가 함께 버무려져 맛있는 김치가 될 것 같다.

그리운 고향바다

세상 모든 것이 옛 모습대로 그 자리에 머물러 있지 않고 변하여 흘러갔다.

내가 바닷가에 서 있는 이 순간 오늘이라는 날도, 나무에 나이테를 남기듯 또 하나의 매듭을 지으며 흘러가고 있다. 그래서 인생은 나그네라고 하나 보다.

내 고향 장천은 냇물과 바닷물이 서로 만나 한 몸 이루는 곳이었다. 그곳은 평화로운 일상이 사이좋게 공존하며 후하고 박함 없는 풍성한 바다였다. 물이 빠져 나가면 동네아낙들은 갯바닥에 엎드려 바지락과 굴을 캐고 아이들은 바닷물에 뛰어들어 자맥질을 하며 소라 줍고 꽃게도 잡았다. 해가 서산에 기울면 하늘과 바다가 맞닿은 아득한 수평선 끝에서 쓸려나간 바닷물이 피보다 진한 낙조에 뒤척이며 슬금슬금 기어들어 온다.

만선을 자랑하는 통통배 소리에 싱싱한 생선을 사기 위해 동네 사람들이 선창으로 모여 들었다. 점찍은 듯 작은 섬 사이를 돌며 수면을 스칠 듯이 날갯짓하는 갈매기들의 울음소리, 바람이 불고 가는 휘파람 소리가 들렸다. 내 영혼에 깊이 각인되어 있는 그리운 소리들이다.

남편의 사랑 고백을 들은 것도 그 바닷가에서였다. 결혼 해주면 평생 금방석에 앉게 해주겠다는 고백을 믿고 결혼하여 고향을 떠났지만 금방석은커녕 삶의 동아줄에 묶인 채 허덕이는 사이 세월이 흘러갔다.

삶의 고비 넘을 때마다 고향을 향한 그리움은 위로할 길 없었다. 십년이면 강산이 변한다고 했는데 많은 세월이 흘렀다.

다시 걷고 싶은 옛길 손잡고 반딧불 등불 삼아 총총히 걸으며 사랑을 속삭이던 그 길은 문명에 떠밀려 흘러가버리고 보이지 않는다.

해풍 따라 출렁이던 청보리밭, 자운영꽃 지천으로 핀 논두렁, 하얀 찔레꽃 무더기로 피어 있던 작은 언덕, 모두다 흔적 없이 사라졌다.

고층아파트는 하늘높이 줄 지어 솟아 있고 상가건물 간판은 현란한 불빛으로 유혹한다.

그 시절엔 친구들과 모여 이야기 나눌 수 있는 장소가 없었다. 해가 지면 약속이나 한 듯 바닷가로 모여 가슴에 쌓여있는 사연을 수다로 풀어내었다.

사춘기 시절 수시로 내 안에 바람이 일었다. 무언가에 대한 갈망, 그 갈망은 내 삶을 목마르게 하였고 목마름을 해결하기 위해 어디론가 떠나고 싶을 때 바닷가에 나가 파도 앞에 서면 내 안에 단단한 옹이를 박아 흔들리지 않게 잡아주던 곳이다.

학생은 영화관을 출입하지 못할 때, '꿈은 사라지고' 영화를 보고 온 선배언니에게 내용을 이야기 해달라고 조르던 밤은 영화 주제가를 부르며 밤이 깊어 갔다. 노래를 부를 땐 주인공이 된 것처럼 애절하기도 하였다.

> 나뭇잎이 푸르던 날에 무게구름 피어나듯 사랑이 일고
> 끝없이 퍼져나간 젊은 꿈이 아름다워….

먹물같이 까만 하늘에 은가루를 뿌려 놓은 듯 총총히 박힌 별빛, 뒤척이는 잔잔한 파도, 우리가 부르는 노래와 함께 울려 퍼져나갔다. 그때 부르던 노랫말은 한 구절도 잊히지 않고 생생하다.

바지락 캐고 굴을 따던 갯바위도 꿈과 이상을 노래하며 사랑을 속삭이던 모래밭도 물속에 잠겨 흔적조차 보이지 않는다. 한화공장·비료공장·조선소가 들어오면서 큰 배가 드나들 수 있도록 바다 밑의 흙을 파내고 방조제를 높이 쌓았다.

갯바위 껴안고 쓰다듬고 부딪쳐 다시 일어서던 젊은 파도는 축강에 깊이 갇혀 탈출을 시도해 보지만 그 자리에 멈춰버린다.

공장 굴뚝에서 밤낮으로 솟아나온 연기는 산천을 병들게 하였고 독한 폐수가 흘러든 바다는 죽어가고 있다.

해안가 도로에 걷기운동 하는 사람이 많다. 아무리 살펴봐도 낯익은 사람은 보이지 않는다. 다정했던 그리운 얼굴들 모두다 어디로 갔는지? 젊은 날의 고향은 눈 안에 가득한데 타향 같은 고향은 낯설기만 하다. 문명의 이기를 느끼며 장승처럼 서 있는 두 다리, 노을에 비치는 나목 같다.

곤줄박이를 기다리며

매일 아침이면 어김없이 찾아오는 새가 있다. 베란다 난간에 나란히 앉아 짹짹거리는 앙증맞은 작은 새는 다양한 색깔의 깃털로 감탄이 나올 만큼 아름다운 새다.

자세히 보면 흰색머리에 검은 타이를 두르고 있는 것 같기도 하고 날개를 활짝 펼칠 때는 흰 망토를 걸친 것 같기도 하다. 예쁘고 작은 새의 이름을 알지 못해 옆집에 살고 있는 할아버지에게 물어봤다. 우리나라 전역의 활엽수림이나 잡목림에 살면서 4월부터 8월 사이에 산란을 하고 새끼를 기르는 흔한 텃새라고 한다. 새의 이름은 곤줄박이, 떼를 지어 다니며 겨울엔 대숲이나 마른 갈대숲에서 살다가 따뜻한 봄이 되면 숲이 우거진 야산이나 강둑 잡목림에서 흔히 볼 수 있다. 올해도 작년에 놀던 우리 집으로 찾아온 것 같다.

곤줄박이는 사람을 무서워하지 않고 손을 살짝 내밀면 손에 앉기도 한다. 나를 쳐다보고 무슨 이야기를 하는지, 다정다감하게 짹짹거린다.

"곤줄박이야, 고맙다. 잊지 않고 찾아와줘서…. 올해도 늦잠자는 나를 깨워다오."

납작한 통에 모이를 담아 구멍을 뚫고 철사로 베란다 난간에 매달아 놓았다. 처음에는 네다섯 마리가 오더니 식구가 점점 늘어난다. 언니, 동생, 사촌까지 데리고 온 모양이다. 여러 마리가 재잘거리니 새들의 음악회를 보는 듯하다. 맑고 가녀린 소리는 몸집에 비교하여 울림이 높고 아름답다. 떼를 지어 난간에 앉아 모이를 쪼아 먹으며 서로 쳐다보고 재잘거린다.

"너희들은 외롭지 않겠다. 가족과 함께 있으니… 나는 늘 혼자라 외롭단다."

대화를 나눌 대상이 없는 아침, 새들과 대화를 하며 모이를 주는 것이 일상이 되었다. 잠을 깨면 습관처럼 TV를 켰는데 새들에게 관심을 갖고부터 새들의 지저귐에 잠을 깨고 그들을 기다린다. 복잡한 도심을 벗어나 한가로운 작은 도시에 사는 사람만이 누릴 수 있는 특별한 행복이다.

아침을 먹고 공원에 걷기 운동을 나간다. 길섶에 무성하게 피어있는 야생화들과 숨결을 나누며 걷는다. 강이 내려다보이는 곳에 음악이 흐르고 있는 아담한 카페가 있다. 돌아오는 길에 그곳에 들러 햇빛에 반작이며 도도히 흐르는 강물을 바라보고 차 한 잔 마시는 것도 좋다. 가슴을 적시며 흐르는 음악 소리가 황홀하다. 다정한 친구가 옆에 있다면 더 좋겠다는 생각도 해본다. 외로움도 있지만 즐거움도 있다.

카페 문을 열고 나오는데 귀에 익은 새소리가 들려 반가워 주변을 살펴보니 곤줄박이가 강둑 우거진 잡목림 속에서 소란하다. 무슨 회의라도 하는 걸까?

우리 집 뒤에는 야트막한 산이 있는데, 밤에는 산에서 잠을 자고 아침에 우리 집에 와서 모이를 먹고, 낮에는 강둑에서 노는 것 같다. 겨울이 오면 어김없이 떠나버리겠지. 새에게 관심이 없었는데 이곳에 와서 살면서 관심이 생겼다. 자연과 가까이 있기 때문이다. 길섶에 피어 있는 들꽃도, 한 줄기 햇살도, 시원한 바람도, 고맙고 감사하다.

어느덧 가을이 깊어가고 있다. 바람이 불 때마다 잎이 가지에서 떨어지는 소리가 이별인 듯 아픔인 듯, 흐느끼는 듯하다.

곤줄박이도 점점 줄어들어 네다섯 마리더니 어느 날부터는 한 마리도 보이지 않는다. 모이통에 남아 있는 모이를 먹으려고 행여나 올까하여 창밖을 살펴봐도 바람소리만 들릴 뿐이다. 난간에 매달아 놓은 모이통이 바람에 덜렁거리는 소리에 적막감이 그지없다.

어슴푸레 흐려진 날씨가 계속 되더니 첫눈이 내린다. 안방 베란다 창밖에 푸른 소나무 가지에 하얀 눈이 하염없이 쌓이고 있다.

주민들이 걷기 운동하는 길에도 아파트 정원에도 하얀 눈을 덮어씌우고 있다.

창밖은 계절이 바뀔 때마다 아담한 수묵화를 그려놓는다. 따뜻한 봄과 함께 곤줄박이가 돌아오기를 기다린다.

(2015. 1)

부 채

국민 안전처에서 '폭염주의, 노약자 야외활동 자재'라는 메시지를 보내고 있다. 40도를 오르내리는 찜통더위에 선풍기를 틀어 봐도 무용지물이다. 밖으로 나가 나무 그늘 아래에 앉아 부채질을 해봐도 비 오듯 쏟아지는 땀을 감당할 길이 없다. 할 수 없이 집에 들어가 에어컨을 켜고 앉아 있으면 살만한데, 텔레비전에서는 냉방기 사용을 자제 해달라는 뉴스가 계속해서 나온다. 일반가정은 누진세로 전기료 폭탄을 맞을까봐 마음 놓고 에어컨도 켤 수가 없다. 더위를 피하여 딱히 볼일이 없어도 백화점이나 커피숍을 찾아다닌다.

친구가 전화를 했다. 너무 더워 견딜 수가 없다며 백화점에 쇼

핑을 가자고 하여 전철역 안에서 만나기로 했다. 조금 일찍 도착하여 친구를 기다리고 있었다. 땀이 비 오듯 쏟아진다. 손수건으로 땀을 계속해서 닦고 있는데 옆에 앉아 있던 노신사가 "오늘 무척 덥지요?" 하며 부채 하나를 건네준다. 일면식도 없는 낯선 남자가 부채를 주니 당황하여 쳐다보았다. 그분도 부채를 들고 부채질을 하고 있다. 얼떨결에 "감사합니다." 하며 받았다.

부채를 펼쳐보니 산수화가 그려져 있는 고급 부채다. 늘 부채 하나 사야지 하는 마음이 있던 터라 고마워서 어쩔 줄 모르는 나에게 웃으며 하는 말이 오늘 친구로부터 부채 둘을 선물로 받았는데 딱히 줄 사람도 없어 여사님에게 주고 싶은 마음이 생겼다고 한다. 그 말에 무슨 대답을 해야 할지, "어머나! 그러세요."라는 말밖에 못했는데 전철이 도착했다. 친구가 내리지 않고 "빨리타! 빨리타!" 소리를 지르며 손짓을 하는 바람에 얼른 전철을 탔다. 고맙다는 인사도 제대로 못하고 떠나는 전철 안에서 그 남자를 바라보고 손을 흔들며 인사를 했다. 그 남자도 얼떨결에 전철을 쳐다보며 웃고 서 있었다.

친구에게 부채를 보여주며 내용을 이야기 하니 "이 바보야, 그 남자 너에게 작업 거는 거야. 사기꾼일 수도 있어." 그럴까, 알 수는 없지만 생김새나 차림새를 보아 준수한 사람으로 보였다. 졸지에 남자로부터 부채를 선물로 받았으니 기분이 나쁘지는 않았다. 부채가 워낙 좋아서 그냥 받기는 빚진 것처럼 미안하기도 하고 고맙기도 했다. 커피 한 잔이라도 대접해 드렸어야 했는데, 하는 아쉬운 생각이 들었다.

부채를 가방에 넣고 다니며 더운 날씨에 한동안 요긴하게 쓰고 다녔는데 어느 날 부채가 보이지 않았다. 여기저기 찾아보았지만 어디에서 놓고 왔는지 생각이 나지 않는다. 아마도 전철을 기다리며 앉아있던 의자에 두고 온 것 같다. 스카프, 우산, 핸드폰, 양손에 들고 다니면 한쪽 손에 들고 있던 물건은 놓고 오는 건망증 때문에 잃어버린 물건이 한두 가지가 아니다. 부채질을 할 때마다 고마운 마음이 들었는데 잃어버려 미안한 생각과 아까운 생각이 들어 며칠간 눈에 삼삼하였다.

60~70년대에는 에어컨이 없어도 부채나 선풍기로 여름을 보내었다. 그때는 대부분 단독주택에서 살았기 때문에 환경이 쾌적해서 무더운 여름에도 부채와 선풍기만 있으면 시원하게 지낼 수 있었다.

앞마당 평상에는 할머니가 잠이 든 손자들에게 부채질을 하여 모기와 더위를 쫓아주었고 마을 한복판 느티나무 아래 자리를 깔고 더위를 피해 모인 동네 사람들 손에는 부채가 들려있었다. 이제 부채는 장식품이 되었고 선풍기는 에어컨을 가동할 때 시원한 바람을 순환시키는데 필요한 것이 되고 말았다. 환경

변화에 따라 에어컨 없이는 더위를 피할 수 없게 되고 말았다.

정치권은 서민 생활이 최우선이라고 떠들지만 말뿐이다. 냉난방을 빵빵하게 틀어놓은 시설에서 생활하는 정치인들이 누진세가 무서워 에어컨도 마음대로 틀지 못하는 서민들의 마음을 어떻게 알 수 있겠나? 연일 서로 잘했다고 싸움만 하고 있는 꼴을 보니 울화가 치밀어 화가 난다.

나도 전기료 폭탄을 맞을까봐 에어컨을 마음 놓고 못 켜는 서민에 속하지만 치민 화를 다스릴 길 없어 에어컨을 틀었다. 내 평생 전기료 20만원은 처음이다.

폐 가

농촌으로 여행을 하다 보면 빈집들을 보게 된다.

잘 지은 양옥집보다 허름한 농가주택을 보면 정이 가는 것은 옛날 추억이 그리워서가 아닐까. 마당에 검불 하나 없이 맑게 비질 해놓고 긴 빨랫줄에 옷을 빨아 널어놓은 해맑은 아침이 상상된다.

내가 자주 가는 농촌의 민박집 옆에 주인 떠난 지 몇 해가 되었는지 짐작조차 할 수 없는 집이 한 채 있다. 마당에는 잡초가 뒤엉켜 발을 딛고 들어설 틈조차 없다. 이끼 뒤집어쓰고 허물어진 돌담은 몇 겹인지 모를 세월의 두께를 느끼게 한다. 앙상하게 기운 용마루의 남루한 모습은 세월의 줄에 묶어놓고 돌아올 주인을 기다린다.

아직도 옛 모습을 간직한 빈집은 비바람에 풍상을 겪은 흔적이 여기저기 상처로 남아 바람이 불면 덜커덩 소리를 내며 흔들리고 있다. 누가 살다가 어디로 떠났는지, 정든 집을 버리고 떠나야 할 사연이 있었겠지, 버려진 폐가를 우두커니 바라보고 서 있는 내 모습이 덩달아 폐가처럼 느껴져 쓸쓸해진다.

이 집도 한때는 아이들의 웃음소리가 담장을 뛰어 넘고 밥때가 되면 식솔들이 밥상에 둘러앉아 도란도란 이야기꽃을 피우던 날이 있었겠지. 집안을 둘러보니 옛날 밥술이나 먹고 살던 사람이 지은 집인 듯, 천장엔 굵은 서까래가 촘촘히 박혀있다. 마룻바닥은 두껍고 튼튼한 자재로 만들어져 오랜 세월 동안 흙먼지가 켜켜이 쌓이고 눈비가 들어차 상한 곳이 여러 곳 있지만 지금도 쓸 만해 보인다. 주인 잃은 장독대는 낙엽이 쌓인 채로 항아리들이 올망졸망 머리를 맞대고 돌아올 주인을 기다리며 그대로 놓여있다 장독대 옆에 서 있는 감나무는 올해도 가지가 늘어지도록 붉은 감을 매달아 가을 햇볕에 익어가고, 담 밑에 머위대가 가을 햇살에 졸고 앉아있다.

5년 전 우리가 처음 이곳에 왔을 때만 해도 깨끗한 모습이었는데 지금까지 주인을 맞이하지 못하고 낡아가고 있다. 마당도 넓고 햇볕도 잘 드는 빈집에 올해는 주인이 들어와 깨끗이 단장하였으면 좋겠다.

집과 여자는 관리하기에 따라 빛나기도 하고 망가지기도 한다는 속담도 있듯이 주인을 잃은 빈집은 세월의 힘에 쭈그러져 한 해가 다르게 폐가로 변해가고 있다. 방에 들어서니 흙벽의 향취가 아직도 넉넉하다. 바래고 부서진 마른 벽지는 주인을 기다리다 지쳐 힘없이 떨어져 내린다.

여행을 하다보면 숙박비가 큰 비중을 차지한다. 우리가 민박하는 집은 할머니와 인연이 있어 친정집처럼 오고 싶을 때 언제라도 올 수 있는 집이다. 시골에서 민박을 하면 불편한 점도 있지만 재미나는 일도 있다. 도시에서 느껴보지 못한 향수를 느낀다. 할머니 집은 오래된 집이다. 화장실도 밖에 있어 밤에 화장실에 가게 되면 두 사람이 함께 간다. 핸드폰으로 불을 밝히고 화장실 밖에서 기다리고 서 있다. 옛날 내가 어릴 때 추운 겨울밤에 화장실에 가게 되면 할머니와 함께 갔다. 화장실 밖에서 기다리고 있는 할머니가 떠올라 타임머신을 타고 과거로 돌아간 듯하다.

외등 불빛 하나 없는 깜깜한 들판에서 이름도 알 수 없는 벌레들의 울음소리와 머언 한길에서 가끔씩 지나가는 자동차 소리가 아득히 들려 집 떠나온 나그네를 고독에 잠기게 하는 밤이다. 달도 없는 어두운 하늘엔 은가루를 뿌린 듯 은하수가 흐르고 있다. 울며 날아가는 기러기 떼가 애잔한 비애를 남기며 아득히 멀어져 간다. 쌀쌀한 추위를 느끼며 깊어가는 가을밤에 작은 우주를 품은 듯 신선 같은 느낌이다.

여름에 오면 모기장 치고 방문 열어놓고 자는 것이 좋고, 겨울엔 아궁이 앞에 앉아 부지깽이로 군불 때고 고구마 구워먹는 것도 좋다. 삶이 지루해지면 이곳으로 오고 싶어진다. 가끔 이곳에 들러 삶 속에서 나약해진 몸을 충전해 돌아가면 보약을 먹은 듯 힘이 솟는다. 흙은 우리의 모성이다.

(2013)

박 서리

아파트 정문 앞 공터에 박 몇 포기가 이파리를 나붓이 펼치고 봄 햇살에 넝쿨을 뻗으며 자라고 있다.

누가 여기에 박씨를 심었을까. 가까이 가보니 솜털이 송송한 줄기마다 하얀 박꽃이 줄줄이 매달려 따가운 햇살이 싫은 듯 꽃잎을 오므리고 있다.

여름밤 고향집 아래채 초가지붕 위에 수줍은 듯 하얗게 핀 박꽃은 햇빛 강한 낮에는 꽃잎을 오므리고 있다가 해가 서산에 뉘엿거리면 꽃잎을 활짝 펼친다. 기억에서 멀어졌던 박꽃을 보니 반갑기도 하고 신기하기도 하여 이곳에 작물을 심은 사람을 찾아보았지만 나타나지 않았다.

물도 주고 풀도 뽑아 주고 싶지만 심은 임자가 있다는 생각에 그렇게 할 수도 없고 하루에 몇 번씩 오가며 고개를 돌려 쳐다만 보았다.

젊은 사람과 아이들은 박꽃을 잘 모르지만 나이 든 사람은 발걸음을 멈추고 "박꽃이잖아." 오랜만에 보는 박꽃이 신기하다는 듯 쳐다보고 지나간다. 맑은 하늘에 둥근 달이 뜨는 날엔 고향집 초가지붕 위에 열려있던 하얀 박이 생각난다.

어린 날, 박은 달처럼 빛나보였다. 가을이 되면 주렁주렁 열린 박을 따다가 톱으로 설겅설겅 타서 두 동강을 내어 삶은 후 하얀 박속을 나물로 무쳐먹기도 했다.

박은 그늘에서 말리면 단단한 바가지가 된다. 그때는 바가지를 만들기 위해 박을 많이 심었다. 농경민족인 우리 가정들은 플라스틱 제품이 나오기 전에는 없어서는 안 될 소중히 여기는 그릇 중 하나였다. 우물가에서 물을 푸기도 하고 쌀을 씻을 때 쓰기도 했다.

가을이 되니 풀숲에서 둥글둥글 잘생긴 박이 얼굴을 드러낸다. 윤기가 반질반질한 박을 보니 연포탕 생각에 식욕이 돋아 밭 가장자리를 왔다 갔다 하며 저렇게 많이 열렸는데 하나쯤 따다 먹은들 어떠랴, 하는 생각이 들었다.

'임자가 있을까. 누가 심어 놓고 이사를 갔을까. 바람이 씨

한 톨 날라 왔을까.'

박 한 통 따올 생각에 고민을 하고 있다. 솜털이 송송한 여린박을 손톱으로 눌러보고 가장 부드러운 놈을 골라 얼른 따서 손에 들었다. 가슴이 쿵쿵거린다. 뛰는 가슴을 진정시키며 서 있는데 "박 도둑이야!" 하는 소리에 깜짝 놀라 쳐다보니 경비아저씨가 웃고 서 있다. "임자가 없어요. 가져다 드세요." 자연으로 난 것이라는 말에 놀란 가슴을 쓸어내리며 한숨을 몰아쉬었다. 박 서리를 하다가 밭주인에게 들킨 이 기분 오래 간직 될 것 같다.

슈퍼에 가서 낙지를 사다가 연포탕을 끓였다. 옆집에 사는 아주머니를 불러 함께 먹었다. 솜씨가 변했을까, 입맛이 변했을까. 옛날 어머니가 끓여주던 탕 맛이 아니다. 가난했던 시절 연포탕은 특별한 음식이었다.

임자가 없다니 이제부터 풀을 뽑고 관리를 해야지, 줄기에 매달린 박을 바르게 앉혀놓고 햇빛이 골고루 비추어 단단히 야물도록 신경을 쓴다.

찬 서리 내린 늦은 가을 잘 여물은 박 세 통을 골라 따왔다. 보석이라도 나올 것 같은 생각에 가슴이 설렌다. 흥부처럼 착하게 살지도 못했고, 놀부처럼 심술보로 살지는 않았는지…. 반듯한 바가지 하나 나오기를 고대하며, 두 쪽으로 가른 박을 찜통에 넣고 삶았다.

한 달여 만에 한쪽이 조금 찌그러진 바가지가 되었다. 예쁜 바가지는 아니지만 그래도 좋다. 바가지를 바라보니 어릴 적 예쁜 조롱박에 찐쌀을 담아서 먹던 기억이 난다. 견과류를 담아 탁자 위에 올려놓았다. 할머니, 어머니가 우물가에서, 부엌에서, 소중히 쓰던 정겨운 바가지를 까맣게 잊고 산 지 오래였는데 새삼 그분들의 모습이 애달프게 그립다.

내년엔 크고 단단한 바가지를 만들어야지. 씨를 잘 말려 갈무리를 한다.

향 수

철따라 피고 져 풍성한 풍호들판 가로질러 장천 가는 길은 우리들의 간식거리가 지천이었다. 파릇파릇 돋아난 삐기를 뽑아 먹고, 찔레순도 꺾어 먹고, 뽕나무 밭에 들어가 오디 따먹고, 무밭 지날 때 두리번거리며 슬쩍 하나 뽑아 손으로 껍질 벗겨 너 한 입 나 한 입 먹으면 꿀맛 같았다.

요즘도 무를 사오면 먼저 파란 윗부분을 잘라 껍질을 벗겨 한 입 베어 먹어 본다. 옛날의 맛이 아니다. 지금 생각하니 산과 들을 헤매고 다니며 꺾어 먹고, 뽑아 먹고 한 들풀들이 모두가 보약이었다. 지금 건강을 유지하는 것도 그때 먹은 자연식 보약 때문이 아닐까.

특히 그 시절엔 목화밭이 많았다. 하교 길에 꽃이 피기 전 어린 목화송이(다래)를 따먹으면 부드러운 단맛이 어떤 군것질보다 좋았다.

하얗게 핀 목화송이를 따다가 씨를 뽑고 틀어서 원앙금침 만들어 고운 딸 시집갈 때 쓰려고 심었건만, 동네 아이들이 목화밭을 망쳐놓은 때가 한두 번이 아니다. 하교 길엔 밭주인이 밭을 지키고 서 있었다.

그때는 먹을 것이 귀한 시절이라 늘 배가 고팠다. 노릇노릇 익어가는 보리이삭 한 묶음 꺾어 불에 그슬어 두 손으로 싹싹 비벼 파란 알맹이를 먹었다. 입가엔 검댕이 묻어 서로 바라보며 깔깔거리고 웃었다. 집에 도착하기 전에 명경같이 맑은 냇물에 얼굴을 씻고 보리 서리한 흔적을 지우고 들어가곤 했다.

보리대궁을 뽑아 보리피리도 만들어 불었다. 피리를 불면 뱀이 나온다고 야단법석을 떠는 친구도 있었지만 피리도 불고, 노래도 부르며, 초록이 넘실대는 좁다란 논둑길을 기러기처럼 줄을 지어 걸었다.

해는 큰 섬 위에 붉게 걸려있고, 굴뚝에선 연기가 구름으로 피어나고, 밥 짓는 냄새에 발걸음을 재촉했다.

마당에 멍석을 깔고 모깃불 피워놓고, 된장국, 열무김치, 보리밥이 차려진 큰 둥근상에 둘러앉아 도란도란 이야기를 나누며 저녁밥을 먹었다.

농사일이며, 열한 식구의 밥을 짓는 어머니의 삼베적삼은 늘 땀에 젖어 있었다. 어두워져서야 개울가 뽕나무 밑에 쪼그리고 앉아 바가지로 물을 끼얹으며 "아이고 시원해라!" 하셨다. 그제야 진종일 쌓인 피로를 푸실 수 있었던 것이다. 서로 등을 밀어주며 깔깔거리던 웃음소리가 지금도 들리는 듯하다.

반딧불 등불 삼아 총총히 걸어온 골목길, 먹물 같이 까만 어둠이 내려앉은 앞마당 멍석 위에 누워 은가루를 뿌린 듯 반짝이는 별을 헤아리다가 잠에 들기도 했다. 얼마를 잤는지 이슬이 내려 옷이 축축해서 방으로 들어가면 늙은 황소 눈물 흘리듯 깜박이는 등잔불 밑에서 삼경을 태우며 길쌈 짓는 할머니와 어머니의 모습이 눈에 선하다. 낮에는 농사일, 밤에는 길쌈을 하셨다. 지금의 농촌은 사람이 보이지 않고 콤바인만 왔다갔다 벼를 털고 있지만, 그때의 부모님들은 밤낮을 가리지 않고 그 많은 일을 품앗이로 하며 이웃사촌과 더불어 살았다.

요즘은 참으로 편해진 세상이다. 밥도, 청소도, 빨래도, 모두 기계가 한다. 집집마다 자동차가 있고, 집 대문은 비밀번호나

카드로 열고, 집에 앉아서 어떤 음식이든지 시켜 먹을 수 있다. 편리하고 고급스러운 삶을 살면서 시간이 없다고 늘 허둥거리며 만족스럽지 못한 이유는 무엇 때문일까. 부족하던 시절엔 조금만 채워져도 행복했는데, 상대적 빈곤이라는 말이 앞장을 서는 현대에 살고 있는 나는 잘 살고 있는지 돌아본다.

농촌에서 나고 자란 나에게는 봄, 여름, 가을, 겨울 사시사철이 아름다운 추억으로 내 영혼에 깊이 각인 되어 있다. 그 모두가 소중한 재산이다. 나이가 들면서 미풍이 대지를 흔들어 깨우듯 마음을 흔들어 깨워 젊은 추억 속으로 들게 한다.

옹기종기 머리를 맞대고 살아가던 동네는 아파트와 공장이 들어서고 아름답던 들판은 온데간데없이 사라졌다. 소나무 사이로 지나다니던 바람소리 들리지 않고 동네 한복판을 가로질러 흐르던 냇물은 마른 지 오래고, 갯바위 휩쓸던 젊은 파도는 높은 축강에 갇혀, 탈출을 시도해 보지만 소리조차 내지 못하고 숨죽여 흐느낀다.

세월 따라 변해버린 고향은 옛 모습 찾아 볼 수 없으나 장복산 푸른 바다 아늑히 자리 잡은 내 고향 장천은 눈 속에 가득하다.

(2014. 8)

2.

홀로서기

맹그로브 나무 아래서의 추억

비취색 파도가 엎치락뒤치락 은빛 모래를 쓰다듬고 속삭인다.

길게 늘어져 있는 해변은 휴일엔 사람이 많지만 평일에는 사람이 많지 않아 멀리서 바라보니 한가로운 공백의 풍경이다.

뉴질랜드는 아름답지 않은 곳이 없지만 특히 해변이 아름답다. 하늘과 물색이 맑아 흰 구름이 바닷물에 비쳐 물과 함께 흐른다.

간간이 큰 배가 물살을 가르고 지나가면 큰 파도가 생겨 하얗게 부서지는 모습이 눈부시도록 아름답다. 은빛물살을 차고 오르는 갈매기의 울음소리와 모래밭을 쓸고 가는 바람소리는 움츠리고 있던 가슴을 펴게 한다.

물에 발을 담그고 걸었다. 물이 맑고 야트막해서 모래와 조약돌이 훤히 들여다보인다. 때 묻은 내 작은 마음도 숨어있던 그리움도 물과 함께 일렁인다.

유학 온 손자들 뒷바라지를 하며 살고 있다. 말과 문화가 다르지만 이곳 사람들이 온순하고 자연이 아름답고, 공기가 맑아 살고 싶은 곳이다. 아이들을 학교에 등교 시키고 자주 바닷가에 나간다.

바닷가 비치에는 맹그로브 나무가 수문장인 양 바다만 바라보고 서 있다. 유한한 희로애락에 마음 뺏기지 않고 서로 바라보며 백년이고 천년이고 살아갈 것 같다. 민물과 짠물이 섞이는 넓은 습지대 맹그로브 숲이 밀림을 이루고, 엉켜있는 뿌리 밑에는 각종 미생물과 게와 자잘한 물고기들이 살고 있다. 누구도 물고기를 잡기 위해 들어가는 사람이 없다. 자연을 아끼고 사랑하는 법을 유치원 때서부터 배운다고 한다.

오랜 세월 한쪽으로만 구부러져 있어 그런지, 비스듬히 누운 자세인 맹그로브 나무 아래 앉았다. 바다에서 불어오는 거센 바람을 안고 살아가는 나무는 바람이 부는 방향과 반대쪽으로 구부러져 있다. 살아남기 위해 순응하는 모습이다. 맞서 싸우려 하지 않고 구부러지기도 하고 낮아지기도 하면서 모진 세월을 살아낸 흔적이 뿌리와 옹이에 쌓여 있다.

황량한 해변에 서 있는 나무들이 어찌 바람을 피할 수 있겠나. 모진 추위와 외로움을 견디며 오랜 세월 살아남기 위해서는 뿌리를 깊이 내려야 한다는 것을 그들은 잘 알고 있다. 바람은 나무로 하여금 더 깊게 뿌리를 내리게 한 고마운 존재이기도 하다. 구부러진 나무들을 바라보노라니 우리 삶과 같다는 느낌이 가슴에 와 닫는다.

맹그로브 나무는 바다에서 불어오는 거센 바람을 막아 공원 잔디밭에 울타리 역할을 해준다. 햇살이 쏟아지는 넓은 잔디밭에 이름도 알 수 없는 갖가지 꽃들이 만개하여 향기를 뿜고 있다. 이곳 사람들은 나무그늘보다 햇볕을 좋아해서 햇살을 받으며 휴식을 즐긴다.

오십대 중반쯤으로 보이는 동양사람들이 맹그로브 나무 아래에 앉아 낚시를 하고 있다. 우리는 그곳으로 갔다. 자세히 살펴보니 미끼가 시원찮다. 옆에 있던 여자가 "한국사람이네요." 하며 반가워했다.

여인은 한국사람이고 남편은 일본사람이다. 우리는 조금 깊은 곳으로 들어가 손으로 모래바닥을 헤집으니 길게 생긴 조개가 나왔다. 조개를 까서 미끼로 쓰게 해주었다. 미끼를 바꾸니 큰 물고기가 물려 나온다. 낚시꾼들은 좋아서 어쩔 줄 몰라 했다. 큰 놈은 그 자리에서 회를 쳐서 맹그로브 나무아래 앉아 소주 한 잔과 먹었다.

그 후 일본사람과 사는 여인이 우리를 집으로 초대해 주었다. 우리는 친구가 되었고 낚시멤버가 되어 한 주에 한 번씩 낚시를 즐기곤 했다. 큰 물고기를 잡는 날엔 우리 집에서 얼큰한 찌개를 끓이고 회를 쳐서 가까운 이웃을 불러 뒷마당에 앉아 고국의 향수를 달래며 맛있게 먹었다. 타국살이 외로움 때문인가 모이면 헤어지기 싫어서 별이 쏟아지는 늦은 밤까지 고국이야기는 끝이 없었다.

가고 싶은 곳 그리운 곳, 뉴질랜드의 추억이 나에겐 또 하나의 그리움이다.

2월의 끝자락에서

찬바람을 막기 위해 붙여 놓은 뽁뽁이도 떼어내고 두꺼운 커튼도 양 옆으로 젖히니 2월의 여린 햇살이 마루 안에 성큼 들어온다. 커피 한 잔을 들고 햇살 옆에 앉으니 봄이 저만치 오고 있다는 기별이 창가에 닿는다.

입춘이 지났지만 아직 까칠한 찬바람이 품안으로 스미는, 겨울도 봄도 아닌 날씨는 언제 차가운 바람을 몰고 와서 변덕을 부릴지 알 수 없다. 조망권이 탁 트인 집이라 창문을 열면 유유히 흐르는 남한강이 내려다보이고 밤이면 세종대교에 길게 늘어선 가로등 불빛이 찬연하게 반짝인다.

바람이 지나 다니는 길목이기도 하다. 바람이 광기를 내고 지나갈 때는 창문을 흔들고 휘파람소리를 낸다. 환기를 시키려고 창문을 열어놓으면 소리는 더욱 요란하다. 옛날 시골집 문풍지 흔들던 바람소리 같아서 마음에 아늑한 향수를 느낄 때도 있다.

바람은 칼날 같은 성정으로 갈팡질팡 미치광이처럼 뛰어 다니기도 하고, 또 어느 날은 술 취한 노숙자처럼 초점을 잃고 슬그머니 잠들어 버리기도 한다.

작년가을 걷기 운동하는 사람들의 마음을 사로잡던 갈대와 억새 줄기와 버들개지들이 겨울 동안 바람의 광포한 발길에 차여 뿌리를 드러내고 널브러져 있다. 머잖아 따스한 바람이 불어와 얼어붙은 흙 사이로 훈김을 불어넣으며 알몸으로 서 있는 나목들을 흔들어 깨울 것이다.

강에서 불어오는 맑은 바람을 마시며 걷기 운동하는 것이 하루 일과 중 하나였는데 겨울 동안 추워서 나가지 못했다. 지루했던 겨울을 떨어내고 싶은 마음에 오랜만에 강변으로 나가보았다. 아직 바람이 차가워 운동하는 사람은 보이지 않고 강변에 줄지어 서 있는 푸른 소나무 사이로 겨울에 놀던 삭풍이 2월의 끝자락을 붙잡고 떠나갈 차비를 하는 듯하다.

소나무 옆에 몇 년 전부터 둥치가 한 아름이 넘어 보이는 고사목이 있다. 이곳에 올 때마다 눈길이 닫는다. 고사목이 된 사연이 있겠지, 흰 뼈대를 드러내고 눈서리를 맞으며 아직도 쓰러지지 않고 뿌리를 땅속에 지탱하여 견디고 서 있다. 살아있던 긴 세월 동안 푸른 영광의 날도 있었겠지. 견디어낸 수난의 흔적들이 옹이가 되어 흰 뼈대를 드러낸 고사목이 비목같이 쓸쓸해 보인다.

오랜만에 바람은 나를 밀고 나는 바람을 밀고 걸었다. 앞가슴을 헤집고 품안에 스민다. 먼지 한 톨 남김없이 털어내려는 기세다.

요즘 들어 빠르게 달리는 세월에 현기증을 느낀다. 어저께 가을 여행을 다녀온 것 같은데 어느덧 한 해를 보내고 새해를 맞아 2월의 끝자락에 서 있다. 젊은 시절 어서가자 재촉해도 들은 척도 않던 세월이 번개처럼 지나간다.

"세월아, 그곳에 무엇이 있기에 번개같이 달아나느냐… 브레이크를 한 번만 밟아줘. 내 얼굴에 새겨놓은 주름살 너 때문이라고 말하지 않을게. 빛나던 검은 머리 반백이 되어서도 너 때문이라고 말하지 않을게. 세월아, 조금 쉬었다 가자꾸나."

조급한 마음인가, 달아나는 세월의 끝자락을 붙잡고 넋두리를 해본다.

봄도 겨울도 아닌 2월이 가고 있다.

흙과 숲은 우리의 모성

성당에서 젊은 부부 팀들이 산행을 한다기에 친구와 함께 따라 나섰다. 약 두 시간을 달려 도착한 곳은 울창한 숲과 맑은 물이 흐르는 퇴계산 골짜기다. 초여름이라 녹음이 나날이 자란다.

산이 높고 골이 깊은 곳이라 공기도 맑아 저녁이 되니 서늘하다.

골짜기서 흐르는 물에 야채와 쌀을 씻어 밥을 안치고 개울가에 앉으니 바위틈에서 흐르는 물소리와 바람소리와 새소리가 산속 음악회를 연 듯하다.

각자 가져 온 음식을 합쳐놓으니 푸짐한 뷔페가 되었다. 흙냄새와 들풀의 향기가 촉촉이 흐르고 있는 저녁, 술을 한 잔만 마셔도 얼굴이 붉어지고 숨이 차오르는데, 오늘은 애주가처럼 잔을 비운다. 가식 없는 대화와 웃음소리가 골짜기에 울려 퍼진다. 근심걱정 사라지고 이 순간 이곳은 천국이다. 밤이 늦도록 술잔을 기울이며 그동안 받은 스트레스를 떨어내듯 이야기꽃을 피운다.

까만 어둠 위로 별빛이 쏟아져 내린다. 이름 모를 벌레들이 외부의 손님을 거부하는 듯 큰소리로 울고 있다.

2시가 되어 각자 텐트 안으로 들어갔다. 청량한 숲속에 잠겨 바닥에 등을 붙이고 누우니 우주의 기운을 받아 신선 같이 느껴진다. 사막 같은 도시를 벗어나 농촌이나 산 속에 들어와 흙을 가까이 하면 소진해버린 육체와 정신이 충전된다. 보약 한재 먹은 것처럼 기운이 솟는다. 오늘 우리는 흙에 뿌리를 깊이 내린 큰 나무처럼 싱싱한 기운을 품어내고 있다.

이런 저런 이야기 하다 잠에 들었다. 모처럼 단잠을 잤다. 밝은 햇살이 텐트 틈새로 비집고 들어온다. 아침 햇살을 받으며 이슬에 하느작거리는 들꽃을 들여다보고 좋아서 어쩔 줄을 몰랐다. 새들이 쉬지 않고 지저귀며 둥지로 드나들고 있다. 새는 나뭇가지를 모아 높은 나무에 집을 짓지만 폭풍우에도 잘 견디어 낸다.

늦은 아침을 먹고 산행을 시작했다. 한참을 오르다 친구와 나는 정상까지 갈 자신이 없어 중간에 소나무가 빽빽이 서 있는 솔숲에서 산림욕을 하기로 했다. 솔잎이 떨어져 노랗게 쌓인 위에 자리를 깔고 그곳에 누웠다. 햇볕이 솔잎 사이로 아른아른 비친다. 걷는 운동도 좋지만 이렇게 산림욕을 하는 것도 좋다.

인간에겐 대지와 숲은 영원한 모성이다. 흙에서 음식을 길러 먹고 그 위에 집을 짓고 살다가 생이 다하는 날 마침내 한 줌의 흙으로 한 방울의 이슬로 사라지는 것이 진정한 삶이 아니던가.

시멘트 깔아놓은 길을 걷고 시멘트로 만든 집에 살며, 오염된 물과 공기를 마시고, 분에 맞지 않은 욕심을 부리며 살고 있는 것이 현실이다. 흙과 숲은 생명의 젖줄일 뿐 아니라 우리에게 많은 것을 가르쳐준다. 생명의 발아 현상을 통해 불가시적인 영역에도 눈을 뜨게 한다.

작은 일에도 태산 같은 걱정을 하는 신경이 예민한 나는 흙을 가까이 하면서 순해지고 겸손해졌다. 흐려있던 의식도 숲속에 들면 깨어난다. 마음에 평화를 얻는다. 높고 낮은 골짜기 야트막한 능선들은 우리의 삶과 같다. 그래서 사람들은 산에 오르고 산에서 명상한다. 숲속에는 인내가 있고 용서와 사랑이 있다. 외롭고 버겁던 일도 그 속에 들면 일어서는 힘이 된다.

산에 올라갔던 이들이 하산하는 소리가 들려 우리도 자리를 접고 내려왔다. 높은 곳에서 뜯어온 산나물을 데쳐 고추장과 참기름을 넣고 조물조물 무치니 야생의 향이 환상이다.

저녁을 먹고 산행에 지친 몸을 개울물에 씻고 각자 텐트 안으로 들어가 잠을 청했다. 2박을 하는 동안 지친 몸이 가벼워지는 것을 느꼈다. 자연 속에 있었기 때문이다 가을 산행을 기약하며 집으로 돌아왔다. 나이 차이가 있는 데도 친구로 대해준 아우들이 고맙다. 마음을 터놓고 가식 없이 이야기하니 정이 들었다. 즐거운 산행이었다.

장독대가 있던 집

작년가을 메주를 빚어 말려서 볏짚을 켜켜이 깔은 종이박스에 담아 작은방 구석에 두꺼운 담요를 덮어두었다. 잘 뜨고 있는지 자주 들여다보고 가끔 햇볕을 쪼이기도 하며 정성을 다해 메주를 띄운다. 집안에 냄새가 난다고 아이들은 투정을 하지만 맛있는 된장을 먹기 위해 그만한 냄새는 참아내야 한다고 타이른다.

올해도 협소한 베란다 안으로 비집고 들어와 앉아 있는 햇볕을 보고 장 담글 준비를 한다.

메주를 잘 띄워야 맛있는 된장과 간장을 만들 수 있다. 잘 띄운 메주 곰팡이를 떨어내고 물에 씻어 말려둔다. 우리나라 염

전에서 생산한 굵은 소금(청금)을 3년 묵혀 두었다가 간수가 빠져나가면 장을 담근다.

집집마다 장 담그는 달과 날이 같을 수는 없지만 대체로 음력 정월 말날을 택해 담근다. 물에다 소금을 풀고 메주를 넣는다. 빨간 마른 고추와 숯을 넣어 햇볕이 잘 드는 투명한 뚜껑을 덮어두면 3, 4월 긴긴 봄 햇살에 장이 익어간다. 잘 익어가는 간장 항아리에는 하얀 찔레꽃이 핀다. 찔레꽃송이같이 생긴 하얀 곰팡이가 맑은 간장항아리에 동동 떠 있다 하여 간장항아리에 핀 찔레꽃이라 한다. 이 찔레꽃이 예쁘게 피어야 그해 맛난 된장과 간장을 먹을 수 있다. 음력 3, 4월에 간장과 된장을 가르는 작업을 한다.

장 담그는 날엔 마당 넓은 옛집이 그리워진다. 잘 익은 간장과 된장을 가르는 날이면 장독대 옆에 앵두나무 두 그루가 앵두꽃을 화사하게 피우고는 했다.

그 옆에 서 있는 목련나무에 실크 같이 고운 하얀 꽃봉오리가 앞 다투어 필 때는 온 식구가 탄성을 지르며 즐거워했고, 떨어져 검게 변해가는 꽃잎을 보고 짧게 피고 질 것을 곱기는 왜 이리도 고운가 하고 애잔한 마음이 들기도 했다.

2백 평의 땅을 사서 직접 지은 집이라 마당에 잔디도 심고 정원도 만들었다.

오뉴월이 되면 담장 위의 붉은 넝쿨장미가 탐스럽게 피어 지나가는 사람들이 쳐다보고 탄성을 질렀다. 햇볕 좋은 남향 돌담 밑에 장독대를 만들어 해마다 장을 담가서 장맛자랑을 하며 지인들과 나누어 먹었다. 올망졸망한 항아리는 항상 반질반질 빛이 났다.

봄이면 딸들과 꽃모종을 사다가 정원도 꾸미고 실비아, 금낭화와 키 큰 해바라기도 심었다. 목단과 장미도 탐스럽게 피웠다.

밖에서 스트레스 받아 상한 기분도 대문을 열고 마당에 들어서면 언제 그랬냐는 듯 풀리고는 했다. 그렇게 소중하게 가꾼 집을 사업실패로 어쩔 수 없이 내어주고 아파트로 이사하게 되었을 때는 너무 안타까웠다. 일생 동안 잊지 못할 그 집이 지금도 한없이 그리워진다.

어느 날은 햇볕을 쪼이기 위해 간장항아리를 열어두었다가 지나가는 소나기가 쏟아져 뚜껑을 닫으려고 허겁지겁 달려오다 넘어져 다친 기억도 이젠 오래된 그림이 되었다.

넓은 마당에 빨랫줄을 매고 이불도 팡팡 털어 햇볕에 말리고 이불 홑청을 풀 먹여 널고 적당히 마르면 걷어다 다듬이질도 했다.

긴 빨랫줄이 바닥으로 늘어져 바지랑대로 받쳐 높이를 조정했다. 빨래가 널려있는 사이사이를 터널처럼 왔다갔다 뛰어 놀던 막내아들이 그 집을 잊지 못해 가끔 찾아가서 밖에서 쳐다보고 왔다는 말을 들은 날은 가슴이 아팠다.

좁은 베란다 건조대에 빨래를 널 때마다 햇볕 좋은 마당이 그립다. 다시 마당에 빨랫줄 매고 빨래를 널 수 있을까.

옛날 어른들은 장독대를 신성시 여겼다. 친정집 장독대도 할머니가 정화수 떠놓고 객지에 나간 자식과 손자들 건강과 행운을 빌며 하루를 시작하던 곳이다.

장을 담글 때도 집안에 우물이 있지만 물맛 좋기로 소문난 참샘 우물을 기르다 장을 담갔다.

야트막한 참샘 우물은 겨울엔 따뜻하여 얼지 않고, 여름엔 얼음같이 차가워 냉장고가 없던 시절 점심때가 되면 물 한 동이 길어다 삼복더위를 쫓았다. 깊지도 않고 야트막해서 퍼 올리기 쉽고, 명경같이 맑아 밑바닥이 훤히 들여다보이는, 주고 또 주어도 못다 준 것만 기억하는 어머니 사랑 같은 우물이었다. 지금도 친정집 장독대에선 어머니의 젊은 시절 시집살이 이야기와 힘겹게 넘던 보릿고개 이야기가 소곤소곤 추억이 되어 들려오는 듯하였다.

나는 지금도 2년마다 음력 정월이 되면 장을 담근다. 장을 담글 때면 장독대가 있던 옛집이 그리워진다. 나뿐만 아니라 우리 가족 모두가 장독대가 있는 마당 넓은 그 집을 여전히 그리워하고 있다.

지금은 나의 봄날

지금이 나의 봄날이다.

다람쥐 쳇바퀴 돌듯이 오늘이 어제 같고 어제가 오늘 같은 삶에서 벗어나지 못하고 살았다. 금은보화보다 더 귀한 세월은 무심히 흘러가버리고 이제야 단단히 동여매고 살던 가슴을 열어 빚어내고 싶은 글 보따리를 풀었다. 지난날 글을 써보겠다고 지역 문인협회 등록해 보았지만 남편이 부재한 집안의 대소사와 아이들의 교육이 우선이기 때문에 잊고 살았다. 빛바랜 일기장을 들여다보니 일기를 쓰고 맨 끝에 적어놓은 시 한 자락, 그때의 외롭고 서럽던 흔적이 가슴을 찡하게 한다.

어렵게 세상의 늪을 지나 이제야 마음 놓고 책상 앞에 앉아 글을 읽고 쓴다. 내 인생에 많은 인연 중 소중한 만남을 꼽으라면 수필을 만난 것이다. 『문학시대』를 통해 등단을 하고 수필가라는 이름을 달았다. 나도 이 세상 한 귀퉁이를 차지하고 살아가는 존재 가치를 느끼며 가슴이 벅차올랐다. 나이를 생각하면 부끄럽지만 시작에는 늦음이 없다는 것을 믿고 5월의 붉은 장미꽃처럼 도도히 피워보리라 다짐도 했다.

무기력했던 하루하루가 책상 앞에 앉아 책을 읽고 글을 쓰는 순간에는 젊음으로 돌아간다. 부싯돌 끝에 터지는 불꽃같이 상상력이 피어난다. 언어의 청춘이다. 아득한 옛날 사랑을 속삭이던 젊은 시절도, 오늘 진행 중인 것처럼 아련히 떠오른다. 그리움도 설렘도 글 속에서 즐긴다.

문리(文理)가 통하지 않아도 마음을 움직이는 감동이 있는 글을 쓰고 싶다. 살아온 세월만큼 만나고 헤어진 사람도 많다. 아직도 잊히지 않은 아름다운 추억도 가슴 깊은 곳에 꽃같이 곱게 남아있다. 녹록치 않은 삶을 산 만큼 무수히 많은 사건들이 글감인데, 아직은 자존심의 울타리를 허물지 못해 옹졸한 글을 쓰고 있다.

내 자신 속에서 꿈틀거리는 욕구와 지난날 채워지지 않은 삶에 대한 갈망과 이별에 대한 아픔이다. 끊임없이 자기의 표출이며, 자기와의 대화이다. 아직은 서툴러 누구에게 감동을 줄 수 있는 글을 쓸 수가 없어 나만을 보고 말하는 독백이 될 수밖에 없다. 내 글도 어쩔 수 없이 나를 닮을 수밖에 없지 않을까. 오랜 시간 여과를 시키고 퇴고를 수십 번 하다보면 언젠가는 잘 익은 수필이 나오기를 바랄 뿐이다.

큰딸이 작은 책 한 권을 주어 받아보니 일본의 '시바타도요'라는 할머니는 98세에 『약해지지마』라는 시집으로 세계최고령 등단의 기록을 세웠으며 100세 때 『100세』라는 시집을 내고 101살에 세상을 마쳤다. 많은 감동을 받았다.

한때는 젊지도 늙지도 않은 나이에 혼자가 된 자신을 받아들이기 힘들어 은둔생활을 한 적도 있었다. 혼자 사는 여자라는 말은 내 가슴에 비수가 되어 꽂혔다. 하늘을 찌르던 내 자존심은 어디로 가고 남의 눈을 살피는 얼간이 같은 자신을 보고 절규를 토해내는 아픔도 있었지만 그런 현실들이 나를 단단하고 힘 있는 사람이 되게 했다. 세월이 약이라고 했던가. 혹독한 긴긴 겨울을 기다려 그 보람으로 나의 봄날은 그렇게 찾아와 주었다.

사남매는 모두 자기들의 둥지를 만들어 엄마 품을 떠났다. 손자 손녀가 8명이다. 희망과 소망을 바라고 긴긴 날 천주께 기도한 보람의 열매이다. 바라만 보아도 행복하다.

이제부터 내 차례다. 남은 날은 수필과 함께 나의 존재를 알리는 빛나는 하루하루가 될 것을 다짐한다. 아침의 찬란함에서 오후 해거름까지 꿈과 희망을 키워가며 열심히 살아온 삶, 이제는 도도히 흐르는 강물처럼 생각도 깊게 넓히고, 옹졸했던 가슴도 넓혀, 붉게 퍼져가는 저녁노을처럼 아름답게 살고 싶다.

어쩌다 실수를 한 번 해도 괜찮고 넉넉해도 되고, 가난해도 되고, 해도 되고 안 해도 되는 늙어서 비난받지 않을 나이, 지금이 나의 봄날이다.

홀로서기

혼자 꾸는 꿈

사람이 그리울 때 고독을 실감한다.

오늘은 퇴근길에 얼굴 한 번 보여 주려나, 일요일은 오려나 기약 없는 기다림은 서러움이 되고 외로움이 되어 쌓여 간다. 어느 날 혼자가 된 자신을 바라보며 무거운 절규를 토해내는 아픔도 있었다. 후미진 골목에 떨어져 뒹구는 낙엽같이 내 삶이 허무하여 고독 속에 갇혀 우울증에 시달린 날도 있다.

손자들이 어릴 때는 서로 "엄마 우리 집에 오세요." "우리와 함께 살아요." 했다.

그때 엄마는 인기가 좋았다. 내 자식 키울 때보다 더 귀하고 사랑스러운 손자들을 돌보며 주방에서 자식들이 좋아하는 음식을 만들며 행복했다.

"엄마 맛있어요. 엄마 손맛이 최고야."

칭찬 하는 그 말 속에 마약이 들어있는지 피로가 금세 풀리고 기분이 좋아진다. 마약 중독에 걸린 엄마는 자식들이 좋아하는 밑반찬 만드는 일과 손자 보는 일이 고되고 힘들어도 싫은 내색하지 않고 아들집 딸집 쫓아다니며 정신없이 한세월 살았다.

4남매 속에서 태어난 8명의 손자손녀들은 이제 모두 성인이 되어 제각기 바쁘다. 자식들도 하는 일이 점점 많아져 한 달에 한 번도 찾아 주지 않을 때가 많다.

오랜만에 만나 이것저것 물어보면 "엄마는 몰라도 돼요." 무심코 던진 말이 상처가 된다.

'아, 이젠 내가 존재가치가 없어져 가는 구나.'

마음이 갈 곳을 잃어 허공을 헤맨다. 그럴 땐 '자식들 필요 없어! 관심을 끊어야지' 혼잣말로 다짐도 해보지만 작심삼일이다.

친정어머니 살아 계실 때 한 번 내려오라고 전화가 와도 바쁘다는 핑계로 자주 찾아뵙지 못한 내가 아닌가. 목욕탕에 가서 등 한 번 밀어 드리지 못하고 살가운 말 한 마디 못해 드린 불효여식이다. 얼마나 외로웠을까. 아무도 없는 고요한 집안 외로운 방에 앉아 비로소 용서를 빌어본다.

아침을 먹고 거울 앞에 앉아 변해버린 내 모습을 바라보며 화장을 곱게 해본다.

립스틱도 짙게 바르고 이 옷 저 옷을 꺼내 입어보지만 옛날처럼 모양이 나지 않는다. 대단한 약속이라도 있는 것처럼 당당하게 현관문을 나서 보지만 막상 갈 곳이 없다. 백화점에 들러 이곳저곳 돌아보고 반찬거리 사가지고 돌아온다.

호흡기가 좋지 않아 겨울에 기침을 자주하고 혈압도 높아 오래전부터 서울을 떠나 공기 맑은 작은 도시에서 살고 싶었다.

친구가 살고 있는 여주에 판교까지 전철이 개통되어 서울과 접근성이 좋고 물과 공기가 맑다고 했다. 나도 여주에 둥지를 틀기로 마음먹었다. 아들딸들은 엄마 혼자 피붙이 하나 없는 낯선 곳에서 살 수 없다고 완강히 말렸지만 멀리 떨어져 살아보고 싶은 마음이 자꾸 생기는 까닭은 왜인지, 가까운 곳에서 자주 보지 못하는 서운함보다 멀어서 자주 보지 못하는 것이 좋지 않을까 싶었다. 언제쯤 뜨거워서 끓어 넘치지 않고 차가워서 얼지 않는 적당한 온도가 될 수 있을지. 오늘도 자식 생각하는 마음을 잡아 가두며 마음 단속을 한다.

혼자 사는 집

처음 계획은 양옥집이 아닌 허름한 주택이라도 사서 리모델링하여 마당에는 잔디를 깔고 텃밭도 만들어 여러 가지 야채를 가꿔 서울 사는 친구들 불러다 갓 뜯은 상추와 풋고추 맛을 보여주며 폼을 잡아보고 싶었다. 장독대도 만들어 간장, 된장도 담그고, 항아리를 반질반질하게 닦으며 앞마당 빨랫줄에 삶은 빨래를 뽀얗게 널고 싶었다. 낮에는 햇살 고운 들녘에 야생화 되어 바람에 기대어 누워도 보고, 어둠이 찾아들면 풀벌레들의 소리, 귀뚜라미 울음소리 들으며 황혼의 길목에서 당당하게 홀로서기를 하리라 다짐도 했다.

혼자서는 단독주택을 관리할 수 없다는 가족과 지인들의 경험담을 듣고 계획을 바꾸어 아파트에 살고 있다. 남한강이 내려다보이는 도서관에서 책을 읽는 것도 좋고, 야트막한 야산에서 산책하는 것도 좋다. 자식이 올려나 친구가 올려나 그리움 한 짐 짊어지고 전화벨 소리에 귀 기울이며 이곳에서 정을 붙이고 살아보자. 어느 곳의 삶이 외롭지 않겠는가. 인생은 어차피 고독한 것을….

혼자 떠나는 여행

다리가 튼튼할 땐 삶의 동아줄에 매여 계획만 세우다 세월을 보내고, 이젠 언제든지 어디라도 갈 수 있지만 발목과 발바닥이 아프기 시작했다. 나이가 더 들면 못할 것 같아서 떠나고 싶을 때는 이유 없이 떠난다. 내 속에는 역마살이 들어 있는지 계절이 바뀔 때나 눈이 오거나 비가 와도 어딘가로 떠나고 싶어진다.

여행이 사치라고 생각하는 사람도 있지만 삶 속에서 나를 발견하기 위한 것이며 살아있음을 증명하려는 최소한의 몸짓이다. 여행을 하며 얻어지는 경험은 세월이 흘러도 지워지지 않는 양식이다. 더구나 아름다운 추억이라는 이름으로 마음까지 충만하게 해준다.

이제는 누구에게도 여행을 가자고 구걸하지 않는다. 혼자 떠나는 여행, 쓸쓸한 나그네 길에서 고독에 잠겨 보는 것도 좋다.

혼자 먹는 밥

언젠가 텔레비전에서 혼자 사는 사람보다 가족과 함께 사는 사람의 수명이나 건강상태가 양호하다는 박사들의 말을 들었다.

'혼밥'이라는 말이 생길 정도로 요즘은 혼자서 먹는 밥이 흔한 모양이다. 그러나 혼자 사는 사람은 균형 있는 식사가 되지 않아 문제다. 신선한 음식을 골고루 먹어야 된다는 것도 알고 있지만 보관하기 쉽고 만들기 쉬운 음식 재료를 사게 되고 인스턴트 음식을 자주 먹게 된다. 나는 건강에 문제가 생길까봐 될 수 있으면 손수 만들어 먹는 편이다. 음식을 정성껏 만들어도 혼자서 다 먹지 못하고 버리게 된다.

밥을 먹다가 텔레비전을 보다가도 혼자라는 생각에 눈물이 날 때도 있다. 그럴 때마다 스스로 마음을 다독이며 새로운 계획을 세우고 혼자 사는 법을 조금씩 배워간다. 오랫동안 못 만났던 동창들도 만나고 여행도 자주하면서 가슴에 쌓여있는 사연 예쁘게 빚어내며 당당하게 홀로서리라 다짐도 해본다. 아이들이 열심히 사는 것만도 감사하다.

(2016)

호박예찬

흙을 만지고 싶다.

비탈져 아무도 쓰지 않는 척박한 언덕에 텃밭을 넓혀 보기로 했다. 비탈진 곳이라 다른 작물은 안 될 것 같아 호박을 심기로 했다. 풀을 뽑고 돌을 골라내고 정성을 다해 다섯 구덩이를 파고 장에 가서 생선머리를 가져다 깊게 묻었다.

모종가게에서 호박모종 한 판을 사왔다. 실한 놈을 골라 한 구덩이에 세 포기씩 심었다. 서툰 대리모가 아기를 입양해온 심정으로 흙을 도탑게 덮고 정성을 다해 심었다.

2, 3일 간은 매일아침 물을 주고 눈을 맞추며 정성을 다한 결과 한 달쯤 되니 청치마를 입은 듯 이파리를 나붓이 펼치고

앉은 맵시가 제법 튼실해 보였다. 아침에 일어나면 제일 먼저 밭에 가는 일이 즐겁다. 솜털이 송송한 호박 줄기는 햇볕을 받으며 우북수북 잘 자랐다. 척박한 언덕을 영차영차 함성을 지르며 기어오르는 줄기 마디마디에 등불같이 예쁜 꽃을 피운다. 벌과 나비가 찾아들어 분주히 꽃 속을 드나들고, 벌 한 마리가 꽃 속에 들어앉아 꽃가루를 뒤집어 쓴 채 나오지 않고 촉수를 박고 꽃술을 따고 있다.

"저놈은 암놈일까 수놈일까."

실없는 생각에 웃기도 한다.

삼복더위에도 아랑곳하지 않고 초록보다 더 푸른 청춘을 과시하며 줄기마다 올망졸망 식솔도 많다. 햇살 고운 날엔 서로 치마폭을 넓히려고 자리다툼을 한다. 따가운 햇볕에 여린 애기 호박이 상할 까봐 크고 넓은 이파리로 그늘을 만들어 보호하고 있다.

이파리를 이리저리 뒤적여보면 엄마치마 밑에 숨어있던 애호박이 방긋이 웃으며 얼굴을 내민다. 반질반질 윤기 흐르는 호박 따는 손맛이 좋다. 오늘 저녁은 호박나물과 된장찌개를 해야겠다. 순하고 부드러운 잎을 살짝 쪄서 보글보글 끓인 강된장과 먹는 맛은 한여름의 별미이다.

처음 열린 놈과 중간에 열린 놈들 중에 튼실한 놈 다섯 통은 늙어지게 하고 나머지는 애호박일 때 따서 옆집과 지인들에게 나누어 주었다. 하우스에서 비닐봉지에 싸여 일정한 크기로 자란 호박보다 노지에서 자란 호박은 향과 달착지근한 맛이 비교할 수 없이 좋다.

10월이 되니 깊게 골진 주름을 훈장처럼 달고 가부좌를 틀고 앉아 자리를 지키며 쨍쨍한 가을 햇볕 아래 늙어가고 있다. 시도 때도 없이 날아들던 벌과 나비는 찾아오지 않고 들판을 휩쓸던 바람 한 줄기가 넉살을 부리고 달아날 뿐이다.

한 치의 오차도 없이 천지만물에게 골고루 생명의 빛을 나누어준 햇볕과 바람 덕에 들판은 온통 황금빛으로 고고한 결실이 넘쳐난다. 가을걷이 끝난 들판은 외롭고 쓸쓸하다.

늙은 호박 네 통을 따왔다. 한 통은 호박죽을 끓여 먹기로 하고 나머지는 둥글게 썰어 소쿠리에 가지런히 늘어놓았다. 요즘 말리는 건조기가 있어 무나 과일도 건조기에서 말리면 뽀얗게 잘 마른다지만 할머니 말씀이 생각난다.

급히 마르면 뻣뻣하고 단맛이 적어 떡을 만들면 달착지근한 맛과 향이 적다고 하셨다. 찬바람 부는 마당에 멍석을 깔고, 가지런히 늘어놓으면 낮에는 바람과 햇볕을, 밤에는 서리 맞고 얼었다 녹았다 반복하면서 말라야 한다고, 그렇게 쪼글쪼글 쪼그라진 호박고지가 쌀가루 속에 버무려져야 달고 맛난 떡이 된다고 하셨다. 짧은 시간에 급히 마른 고지가 뽀얗고 깨끗해 보이지만 맛의 차이는 하늘과 땅 차이다.

사람도 마찬가지다. 삶 속에서 시련과 고통을 통하여 아픔과 슬픔을 삭이며 때로는 좌절하고 넘어져본 사람만이 무엇이든 녹여서 서로 융화를 이루어 사람냄새를 낸다.

호박고지가 가루 속에 버무려져 달고 맛난 떡이 되기 위해 이른 봄부터 늦은 가을까지 세월을 삭혀낸 것처럼 우리의 삶도 마찬가지다. 나도 세상 속에 버무려져 달고 향내 깊은 사람이고 싶다.

(2014)

개망초꽃

부산에 여행을 갔다가 어머니, 아버지 산소가 있는 진해에 가 보기로 했다. 마산, 창원, 진해는 하나의 시로 통합하여 너무도 많이 변해서 다른 나라에 온 것같이 느껴진다. 길을 물어물어 진해로 가는 버스를 타고 동생 집에 도착했다.

동생차를 타고 산소로 가는 차창 밖에는 싱그러운 초여름의 햇살이 눈부시게 빛나고 있다. 간밤에 녹우가 내리더니 들판이 온통 푸른 물결로 출렁인다. 묵은 밭떼기 전체를 차지하고 하얗게 핀 개망초꽃의 질펀한 아우성이 들리는 듯하다.

'모이자! 뭉치자! 흩어지면 누구도 우리를 봐주지 않아.'

흔하디흔한 꽃이라 눈길 한 번 주지 않고 지나쳐 다녔지만 먼 곳에서 바라보니 무리지어 피어있는 흰 꽃들이 안개꽃같이 햇빛에 반짝반짝 사람들의 눈길을 사로잡는다. 노란 꽃술을 가슴에 안고 살랑살랑 몸을 흔드는 모습이 순박하기 그지없다. 가까이 가보니 향긋한 향기도 피워낸다. 그 누가 무선 연유로 개망초라 이름 지었을까. 이름이 개망초라 그런가, 설자리 앉을 자리 가리지 않고 어떤 곳이던 사정없이 점령해 버린다.

지금은 비닐을 덮고 농작물을 심어 그나마 낫지만 내가 어릴 때는 풀을 뽑는 일이 여간한 고역이 아니었다. 농촌의 여름은 동네 사람들과 품앗이를 하며 태양이 내리쬐이는 밭에서 풀을 매는 풍경으로 남아있다. 잡초 중에서 제일 독한 풀이 개망초와 쇠비름이라고 할머니께서 말씀하셨다.

처음에는 한두 나무 보이다가 잠깐 사이에 밭이 온통 개망초로 덮이고 만다. 게릴라전을 방불케 하는 점령군이 되어 야금야금 영토를 넓혀 결국은 묵정밭이 되게 한다. 열심히 자기들의 영토를 넓히고 꺾인 줄기를 일으키는 강인함이 햇볕에 빛난다. 번식성이 강해서 아무 데서나 잘 자란다.

이름과는 달리 날씬한 몸매를 꼿꼿이 세우고 '나 좀 봐주세요' 사람들의 눈길을 잡으려는 듯 몸을 흔들고 있다. 바람이 살랑대는 들길에 끝없이 흔들리는 개망초꽃을 바라보고 서 있는 나도 망초꽃처럼 하얀 그리움으로 흔들리며 어릴 적 추억에 잠겨본다.

누가 보아주건 보아주지 않건 오늘도 여물은 씨앗이 바람에 날아 들판을 점령하는 소명을 다하기 위해 모가지를 길게 뽑아 올려 흔들고 있다.

해질녘 붉은 노을에 흔들리는 망초 꽃대는 그리움이 묻어 있는 연가 같은 꽃이다. 잘 가꾸어진 정원에서 함초롬히 피어있는 꽃보다 아련한 향수를 풍긴다.

동생과 나는 차에서 내려 무더기로 피어있는 개망초꽃을 한 아름 꺾어서 산소에 가져갔다. 산소에는 생명과 향기가 없는 인조꽃이 겨울이고 여름이고 만발하다. 개망초꽃 한 아름과 소주 한 잔을 부어놓고 절을 하고 있는 우리를 어머니께서 바라보며 웃고 계시는 듯하다.

할머니 따라 밭에 가서 까마중이 따먹고 돌아올 때 망초꽃 한 아름 꺾어다 내 방에 꽂아두면 넉넉한 마음이 생겨 공부도 잘 되었다.

지금도 들판에 흔들리고 있는 강인한 개망초꽃은 한국의 어머니 같은 꽃이다. (2017. 8.)

어느 인연

전방에서 근무하고 있을 때의 일이다.

남편의 누님이 강원도 고성 대진항에서 쌀과 연탄 도매상을 하고 있었다.

어느 날 지인의 딸 결혼식에 가면서 가게를 부탁하여 보고 있었다. 아주머니 한 분이 쌀 두 되만 외상 달라고 하여 주인이 아니라서 내 마음대로 못한다고 돌아서는데 사정하는 말소리가 귓전을 울린다.

"이틀간 아이들에게 밥을 먹이지 못했어요. 날씨가 들면 오징어 팔아서 갚아 드릴 게요."

아주머니는 남루한 옷차림에 꿰맨 낡은 고무신을 신고 3일은

굶은 듯 금방 쓰러질 것 같아 보였다. 순간 측은한 생각에 사방을 한 번 살펴보고 몇 됫박인지 세지도 않고 쌀을 퍼 담았다. 가슴이 쿵쾅거렸다.

"아줌마 빨리 가세요. 쌀값 안 내도 돼요."

쌀을 이고 허둥지둥 돌아가는 뒷모습에 마음이 아팠다.

그 시절 대진항은 겨울에는 명태, 여름엔 오징어가 많이 났다. 여름에 오징어가 풍년이 들면 강아지도 돈을 물고 다닐 만큼 돈이 흔하다고 했지만 배가 들어오면 현금이 오가고 돈을 받아 쥔 어부들은 술집을 전전하며 흥청망청 써버리고 태풍이 불거나 장마가 시작되면 돈 떨어져 가난을 면치 못하는 생활이었다.

그 후 아주머니를 만났다. 내 손을 잡고 고맙다는 말을 수없이 했다. 남편이 몇 달 전에 사망했다고 하며 한없이 우는 여인을 무슨 말로 위로해야 할지 가슴이 아팠다. 등을 쓰다듬어 주며 집이 어디냐고 물으니 명파 가는 쪽에 살고 있다고 하였다.

며칠 후 출근하는 남편에게 태워 달라고 하여 그 집으로 가 보았다. 동네가 없는 외딴곳에 흙벽돌로 만든 오두막집이었다. 인기척이 없어 안으로 들여다보니 네다섯 살쯤 되어 보이는 여자아이가 눈물과 콧물이 범벅이 되어 잠들어 있고 옆에는 먹다 남은 감자 두 개와 김치 조각에 파리가 까맣게 붙어 있다. 남루한 옷가지들이 이리저리 널려있고 앞마당에는 평상 하나가 있었다. 집 앞에는 해송들이 줄지어 서 있어 바닷바람을 조금 막아주는 듯했다. 외딴 곳이라 사람은 볼 수가 없고 들리는 것은 파도소리와 소나무 사이로 지나가는 바람소리뿐이다.

평상에 앉아 있는데 할아버지가 들어와 누구냐고 묻기에 대진상회 외숙모라고 했다. 쌀을 주어 잘 먹었다고 고맙다는 말을 하며 평상에 앉으라고 했다.

소나무 밑 의자에 앉아 손으로 북쪽을 가리키며 "저기 산이 보이지요. 그 옆에 봉긋한 봉우리 있는 곳이 내 고향이야요."

술 냄새를 풍기며 고향이야기를 한다.

6・25 전쟁통에 아내와 두 딸을 남겨두고 아들만 데리고 잠깐 피난했다 들어갈 요량으로 왔는데 영영 못 돌아가는 신세가 되고 말았단다. 고향동네가 잘 보이는 이곳에 자리를 잡아 아들, 며느리 손자 소녀 다섯 식구가 근근이 살았는데 몇 개월 전 배가 뒤집혀 선원 10명 전원 사망한 사건에서 아들을 잃었다며 통곡을 하는 할아버지가 잊혀지지 않는다.

그 후 남편과 함께 막걸리를 사들고 자주 할아버지를 찾아갔다. 어느 날 할아버지가 막걸리 한 잔의 힘을 빌려 "물오징어 건조해서 팔면 수지가 좋다는데…." 밑천이 없다고 하시며 우리를 쳐다보았다.

"그 밑천 내가 빌려 드릴게요."

고향에 계시는 아버지와 비슷한 연세에 고생하시는 모습이 안타까워 쉽게 대답을 하였다.

남편 몰래 모아둔 비자금 3백만 원을 빌려주었다. 할아버지는 손수레를 끌고 며느리는 뒤에서 밀고 그날부터 그 집 앞마당은 분주하였다. 그곳은 오징어 건조하기에 안성맞춤이었다.

"자네와 난 전생에 무슨 인연이 있기에 피도 살도 섞이지 않은 남남인데, 이렇게 작은 돈도 아닌 큰돈을 빌려주나, 이 은혜를 어떻게 갚나."

할아버지와 성순엄마는 진심으로 고마워하며 열심히 하였다. 우리 부부도 덩달아 좋아서 덕장에서 늦도록 일을 도와주었다.

어느 날 우리는 갑자기 서울로 오게 되었고 몇 년간 연락이 되었는데 성순네는 빌려간 돈을 갚을 만큼 형편이 풀리지 않았다.

우리 가정에 큰 변화가 있게 되었고 남편이 부재한 후 나에게 맡겨진 삶의 무게 때문에 까맣게 잊고 살았다. 그럭저럭 세월이 많이 흘렀다.

강원도 화진포에 여행을 하다가 성순이를 수소문 끝에 만나게 되었다. 헤어질 때 초등학생이던 성순이도 어느새 아이 엄마가 되어 있었다. 성순이 엄마는 치매에 걸려 나를 알아보지 못했다. 성순이와 함께 옛날 살던 집으로 가보았다. 집은 허물어져 빈터만 남아 있고 소나무 밑 낡은 의자에 앉아 막걸리 한 잔의 힘을 빌려 망향가를 부르며 하염없이 북녘하늘을 바라보던 할아버지는 7년 전에 돌아가셨다고 한다.

성순이는 할아버지가 써놓은 편지 한 통과 돈 3백만 원을 손에 꼭 쥐어주며 그때 아주머니가 우리를 살려 주었다며 진작 갚지 못한 것을 용서해달라고 울먹였다.

"할아버지가 유언을 했어요. 꼭 갚아야 한다고."

누렇게 빛바랜 편지지에 정성들여 쓰신 내용에서 나는 할아버지의 마음을 읽을 수가 있었다. 그동안 할아버지가 얼마나 고마워하였고 내 소식을 알기 위해 나름대로 노력하였음을 확인할 수 있었다.

그 편지를 지금까지 보관해온 성순이의 마음 또한 진한 감동으로 전해졌다. 그 시절 3백만 원은 적은 돈이 아니지만 받을 생각도 하지 않았는데 3천만 원을 받은 기분이다.

지금 생각하니 젊은 날 베푼 작은 배려가 할아버지 가정에 희망이 되었던 것이다. 할아버지 또한 철이 바뀔 때마다 내가 좋아하는 해산물을 보내주고 딸같이 여기시던 고운 인연이었는데….

할아버지 산소는 살던 집 바로 옆이었다. 해송은 예나 지금이나 묵묵히 바다를 지키고 무성한 갈대숲도 옛날 같이 초가을 갯바람에 부드러운 하얀 꽃술을 바람에 날리고 있는데 어느덧

30년 세월이 흘러가 버렸다.

'할아버지, 사랑하는 아내를 만나 한 쌍의 갈매기처럼 남과 북녘 하늘을 마음껏 자유롭게 넘나드소서!'

봉분 앞에서 진심어린 기원 한 자락을 올리고 돌아왔다.

홍 시

유년 시절의 추억 중 감나무에 대한 추억이 깊다. 그 시절엔 감나무가 귀하게 여겨지던 때이다. 봄이 오면 다른 나무들은 앞다투어 잎과 꽃을 피우는데 감나무는 죽은 듯이 잎이 돋지 않아 할머니께 물어보니 감나무와 대추나무는 잎이 늦게 핀다고 하셨다.

바쁠 것도 서두를 것도 없다는 듯이 늦장을 부리다가 5월이 되니 슬그머니 잎과 꽃을 피운다. 뽀얗게 생긴 감꽃이 오롱조롱 맺힌다. 감나무 밑에 쪼그리고 앉아 감꽃을 주워 실에 꿰어 목걸이를 만들어 목에다 걸기도 했다.

감꽃이 떨어진 자리에는 도토리만한 감이 맺혀 햇볕과 바람을 맞으며 큰다. 연초록이던 이파리는 검푸른 색으로 변해가고 7, 8월이 되면 중간크기의 귤만큼 커진다. 여기저기에서 감 떨어지는 소리가 들린다. 그때는 먹을 것이 귀한 시절이라 풋감을 주워 우물가 항아리에 담아 물을 붓고 삭히면 떫은맛이 없어진다. 할머니는 우리를 불러 똑같이 나누어 주셨다.

밭 한가운데 서 있는 감나무는 감이 익으면 임자가 있지만 풋감 때는 먼저 줍는 사람이 임자다. 이른 새벽 먼동이 트기도 전에 일어나 눈을 부비며 허둥지둥 감나무 아래로 나가고는 했다. 밤사이 떨어진 감을 누가 먼저 주워갈까봐 잠을 설치며 새벽을 기다렸다.

이슬에 젖은 풀밭을 더듬더듬 헤집고 감을 주웠다. 어느 날은 어두운 밭두렁에서 넘어져 무릎에 피가 날 정도로 다치기도 했다.

가을이 되어 추수가 끝날 무렵에는 쨍쨍한 가을볕을 받으며 열정을 다해 붉게 익어 간다. 잎은 홍갈색으로 물들어 소슬바람에도 견디지 못하고 떨어져 내리고 만다. 가지마다 주렁주렁 달린 감을 아버지께서 긴 장대에 망태기를 달아 따셨다. 맨 꼭대기 가지에 열 개도 넘어 보이는 감을 남겨두셨다.

"아버지 저 감은 왜 따지 않는지요?"

"저 감은 까치밥이다."

"까치는 농사를 짓지 않으니 남겨두어야 겨울에 굶어 죽지 않는다."

아버지께서 하신 말씀이다.

지금 생각하니 콩밭에 콩을 심을 때도 한 구덩이에 서너 알을 넣으면서 한 알은 새가 먹고 한 알은 벌레가 먹고 한 알은 잘 키워 우리가 먹자 하신 말씀이 기억난다.

감은 나무상자에 짚을 깔고 켜켜이 담아 곳간에 보관한다. 홍시가 되면 꺼내 접시에 담아 할머니와 젖 떨어진 막내 동생에게만 챙겨주는 것이 못마땅해 동생과 나는 아버지와 엄마에게 투정을 부리기도 했다.

하루는 동생이 "언니, 홍시 훔쳐 먹을까?"

"열쇠가 잠겨있는데 어떻게?"

"열쇠 없어도 문 열 수 있어."

동생이 부엌으로 가서 숟가락을 가져와 숟가락 뒤끝을 열쇠 구멍에 넣고 요령을 부리니 곳간 문이 열렸다. 들킬세라 얼른 들어선 곳간은 깜깜하여 앞이 잘 보이지 않아 멸치젓 항아리를 집고 넘어졌다. 젓국물이 쏟아져 수습할 길이 없어 작은집으로 도망간 기억이 난다. 작은아버지 도움으로 매질은 면했지만 크게 야단을 맞았다. 홍시를 보면 철없던 그때 일이 생각나 웃음이 난다.

할머니께 홍시를 정성껏 챙겨주시던 아버지의 모습은 지금 생각하니 효심이 지극한 아들이었다. 겨울밤에 할머니께서 생무를 자주 드셨는데 그때마다 아버지가 텃밭에 묻어둔 무를 직접 꺼내 얇은 놋숟가락으로 부드럽게 긁어 치아가 없으신 할머니가 드시게 하였다. 불효여식 이 딸은 팍팍한 살림살이 내 자식들 키우기 바빠 감 한 접 못 사드렸다는 생각에 가슴이 먹먹하고 눈시울이 흐려진다. 잇몸으로 우물우물 곶감이며 홍시를 녹여 잡수시던 우리 할매, 우리 엄마, 이제는 홍시며 곶감을 얼마든지 사 드릴 수 있는데 이 세상에 안 계신다.

쌀쌀한 겨울 앙상한 가지 끝에 매달린 홍시를 까치가 오고가며 쪼아 먹고 두서너 개가 남아있다. 모진 겨울바람에도 떨어지지 않고 수분이 말라 쪼글쪼글 해져도 끝까지 매달려 있는 모습이 달 밝은 겨울밤 한 폭의 그림으로 기억 속에 남아있다.

눈 내리는 자작나무 숲

하얀 눈과 하늘 사이에 쭉쭉 뻗은 흰 자작나무 숲은 겨울에만 볼 수 있는 아름다운 풍경이다. 러시아가 고향인 자작나무는 한겨울이 봄이라고 한다.

여름에도 좋지만 겨울에 잎을 모두 떨어트린 흰 나무둥치가 하얗게 내린 눈 위에 끝없이 서 있는 풍경은 아름다움의 극치이다. 오늘같이 눈이 내리는 날엔 하늘이 자작나무 꼭대기에 걸터앉아 하얀 눈가루를 뿌리는 듯 천지가 하얀 도화지로 변하여 한 폭의 수묵화를 그려 놓았다.

주로 추운 곳인 인제 원대리, 횡성에 자작나무 군락지가 많이 있다. 횡성에는 자작나무 전원주택들이 있는데 펜션으로 빌려주기도 한다. 친구와 함께 작년에 갔던 집에 2박 3일간 예약을 하고 서울에서 고속버스를 타고 간다. 횡성에 도착하여 택시로 들어가는 길에 줄지어 서 있는 푸른 소나무 가지 위에 눈이 하얗게 쌓여있는 풍경을 보니 한 폭의 그림을 보는 듯하다.

여행이란 배낭을 메고 길을 나서는 순간 자연인으로 돌아간다. 공기가 맑아 가슴이 탁 트인다. 숲속에 있는 펜션에 도착하여 문을 열고 들어서니 주인은 없고 난로 위 주전자에 자작나무차가 모락모락 끓고 있다. 향긋하고 달달한 향은 우리를 정겹게 맞아준다.

배낭을 내려놓고 따뜻한 난로 옆 창가에 앉아 차 한 잔을 마시며 창밖을 내다보고 '참 좋다. 너무 이름답다.' 감탄사를 하며 여행의 멋을 즐겨본다.

이렇게 눈이 내리는 날엔 그리운 사람을 만날 것 같은 설렘이 생긴다. 팔짱을 끼고 걷다가 언덕 밑으로 굴러 떨어져 다리를 다친 기억도 떠오른다. 눈이 내리면 기차 타고 어디라도 가고 싶던 젊은 날의 풍경이 잊고 있던 내 안에 또 다른 나를 불러내어 추억 속으로 달리게 한다. 함박눈이 펑펑 쏟아지는 자작나무 숲속에 있으면 누구라도 그리움의 향기에 취하게 된다.

밖으로 나가 자작나무를 끌어안고 빙빙 돌며, 하늘을 쳐다보고 귀를 나무둥치에 대어본다. 깊이 꼭꼭 눌러두었던 소녀 적 감성이 살포시 되살아난다. 자연 속에 오면 나이도 잊어버리고 여유로움이 생긴다.

내가 자작나무에 매력을 느낀 것은 뉴질랜드에 살 때 대체의학으로 자작나무 수액이 거담제, 신경안정제, 위장병 등에 효과가 좋다는 성덕모 박사의 강의를 듣고 자작나무 링거액을 만나고 난 후다. 특히 향이 좋고 먹기도 좋아 위탈이 생기면 먹게 된다.

키가 크고 멋스럽고 기품이 있는 자작나무 숲속에, 자연 그대로를 살려 전원주택을 지어 펜션으로 이용하는 이곳에 와서 2박 3일간 편안한 휴식을 얻는 것은 행복한 일이다.

면역이 떨어져 피로를 느끼고 밤에 잠을 못잘 때, 이곳에 와서 맑은 공기와 자작나무차를 마시며 숲의 느린 일상과 함께 흐르다보면 그냥 좋아서 한 달쯤 여기서 살아볼까 싶어진다. 숲에서 느낄 수 있는 편안함이 에너지로 쌓인다.

하얀 껍질 벗겨지는 소리가 자작자작 난다고 해서 이름이 자작나무인가. 겨울에 난로에 자작나무를 태우면 향긋한 향과 타는 소리가 자작자작 난다. 그 향은 마음을 편안하게 한다.

삭풍에 부딪친 눈은 천지사방을 휘돌다 자작나무 가지에 앉아 아침햇살에 눈부시다.

도토리와 다람쥐

세찬 비바람이 밤새껏 창문을 두드리며 쏟아졌다. 아침이 되니 비는 그치고 말갛게 씻긴 하늘에 햇살이 환하게 빛나고 있는데 바람이 세차게 불고 있다.

동생과 그물망 주머니 하나씩 들고 밤나무와 도토리나무가 울창한 산으로 갔다. 여성회관 도서관 사이에 작은 야산이 있는데, 봄에는 파릇파릇 속살을 드러내고 꽃을 피우고, 여름엔 무성한 이파리가 그늘을 만들어 그 아래 쉬어 가게 한다. 여강이 내려다보이는 이곳은 공기가 맑고 바람이 시원하여 자주 오게 된다.

키 작은 나무와 잡풀들이 어우러져 풀숲을 이루고 그 속에는 자잘한 벌레들이 오글거리는 것을 볼 수 있다. 다리가 긴 거미는 나뭇가지와 둥치에 가느린 거미줄을 치고 대롱대롱 매달려 숲 한가운데로 하강하여 먹이가 걸려들기를 기다린다.

매미들은 사위어가는 여름이 아쉬워 처량하게 울어대며 한낮의 고요를 흔들어 깨운다. 귀뚜라미는, 가을이 온 것을 알려 주는 듯 울고 있다. 풀벌레와 각종 새들의 노래가 함께 어우러져 한낮의 숲속은 떠들썩하다. 이곳은 도심 속의 오아시스다.

한 주에 서너 번 이곳에 오면 마음이 편해지고 점점 굳어져 가는 감성에 상상의 지느러미가 돋게 하여 언어조각들을 건져 올려 글쓰기에 도움을 준다.

50여 년, 복잡한 서울 인파와 매연 속에 살다가 도시를 벗어나 이곳 전원도시에 이사 오니 자연과 더불어 소박한 마음이 생겨 비우고, 돌아보고, 내려놓으니 일상이 평화롭다. 호흡기질환, 혈압, 당뇨, 위염 등 각종 병치레에 약을 달고 살았는데 이곳으로 이사 온 후 건강이 좋아져 마음조차 느긋하다.

바람은 불어오는 시기와 방향에 따라 행동이 달라지고 그 성질에 따라 이름이 붙는다. 꽃샘바람, 하늬바람, 건들바람, 같은 순한 바람도 있고 칼바람, 고추바람, 황소바람 같은 무서운 바람도 있다. 오늘 불고 있는 바람은 잠잠하다가 별안간 쉬익쉬익 휘두르며 밤나무와 도토리나무를 사정없이 흔들고 달아난다. 분명 돌개바람인가 보다. 가지를 흔들고 지나가면 여기저기서 도토리가 툭 투둑 떨어진다. 떨어진 도토리를 양손으로 주워 담는 요런 재미를 서울 사는 친구들은 알기나 할까. 입을 쩍 벌리고 떨어져 있는 밤송이 가시에 찔려도 아픈 줄도 모르고 알밤을 주워 담았다. 올해는 태풍도 없었고 열매 맺힌 것마다 풍년이라고 한다.

우리 웃음소리에 놀란 다람쥐 한 마리가 긴 꼬리를 등에 치켜 올리고 두 손을 모으고 서서 까만 눈알을 이리저리 굴리며 꼼짝도 하지 않고 쳐다보고 서 있다. 양쪽 볼에 도토리를 터져라 집어넣고 자기들의 양식을 훔쳐가는 외부의 침입자는 나가라는 듯 무언의 시위를 하는 것 같다. 다람쥐는 마누라를 많이 얻어 양식을 많이 저장해 놓게 한 다음 겨울이 오면 눈이 멀어 앞 못 보는 병신만 남겨두고 모두 쫓아버린다고 한다. 욕심 많고 고약한 놈은 기억력이 부족하여 도토리를 저장한 장소를 찾지 못해 묻어둔 도토리는 봄이 되면 싹이 돋아 자란다. 그래서 다람쥐는 도토리나무의 번식을 돕는다.

머리 위에서 도토리 나뭇가지가 뚝뚝 잘라져 내리고 있다. 위를 쳐다보니 숲속의 곡예사 청설모 한 놈이 가지를 꺾어 내던지고 있다. 이제 그만 줍고 가라는 듯 화가 잔뜩 난 태세로 계속 꺾어 던지고 있다.

다람쥐와 청설모의 양식을 훔쳐 간다고 생각하니 불현듯 미안한 생각이 들어 그만 줍기로 했다.

'다람쥐야, 청설모야 미안하다.'

어느새 겨울이 왔다. 도서관에 가다가 도토리나무와 밤나무가 있는 곳에서 발걸음이 멈췄다. 앙상한 가지에 흰 눈을 덮어 쓰고 칼바람을 맞으며 알몸으로 서 있는 나무들은 봄을 기다리고 있다. 다람쥐와 청설모는 보이지 않는다. 바람이 불때마다 떨어져 뒹구는 낙엽의 소리가 슬픈 노래같이 들린다.

3.

둘이 서로 바라볼 때

용철리 그곳

흙냄새가 그리워지면 도시를 벗어나 농촌으로 가고 싶어진다.

퇴촌을 지나 양평대교를 건너 용철리 그곳에 내 친구 은요가 살고 있다. 계곡이 깊고 물이 맑아 주말이면 피서 오는 사람이 많았다.

골짜기와 숲이 하늘을 가리고 있는 모퉁이를 지나면 고요하고 정갈한 천년 고찰 사나사 절이 있다. 녹음이 나날이 깊어가는 유월, 절마당에 들어서니 청아한 풍경소리와 염불소리가 도량에 넘쳐난다. 무거운 삶의 짐을 지고 찾아온 우리를 너그럽게 맞아준다. 계단 하나하나에 번뇌 하나씩 내려놓고, 두 손을 모으니 벼랑 끝인 듯한 근심도 힘이 됨을 깨닫는다.

하찮은 욕심으로 마음 상하게 한 일들, 작은 실수를 감싸주지 못하고 책망하며 질타한 어리석음 입으로는 '내 탓이요. 내 탓이요.' 하면서도 툭하면 '너 때문'이라고 하지 않았던가. 지난 나의 잘못된 생각들이 안개처럼 사라지고 있다.

안주하며 머물러 편안하기보다는 부대낌을 선택하고 싶었고 변화를 갖고 싶었던 젊은 날은 어느덧 가고 쉽게 포기하며, 옹이진 열등감과 아직도 비워버리지 못한 욕심이 수시로 마음을 갈망하게 한다. 얼마를 더 살아야 자연을 닮은 마음을 가질 수 있을까? 천년만년 살 것처럼 허망했던 생각이 부끄럽기만 하다.

나는 기독교를 믿지만 불교를 거부하지 않는다. 태산을 옮길 수 있는 믿음이 있다한들 사랑과 깨달음이 없으면 아무것도 아니다. 종교는 깨달음이라고 믿기 때문이다.

저녁밥은 내가 짓기로 했다. 앞마당 작은 텃밭에서 아욱을 뜯어 된장을 풀고 국을 끓였다. 된장국 한 그릇에 돋아난 혓바늘이 삭는다.

친구가 감자와 고구마 한 바가지를 가져왔다. 아궁이에 넣고 부지깽이로 불을 뒤적이며 이런저런 야한 이야기로 모처럼 큰 웃음을 웃었다. 감자도 익어가고 인정도 익어간다.

우울증에 시달려 밤잠을 못자고 건강이 좋지 않던 지난날 친구 집에 오면 친구가 웃기는 야한 소리에 배꼽이 빠지도록 웃고 나면 건강이 좋아지곤 했다. 그때 웃음이 보약보다 좋은 치료제라는 것을 체험했다. 친구는 너그럽고 넉넉하여 상대를 배려하는 마음이 있다. 그래서 '은요' 친구를 좋아한다. 몇 달 만에 만났어도 어제 만났다 헤어진 것처럼 다정하다. 푸른 청춘에 만나 반백이 되어도 언제라도 만날 수 있는 그가 나는 행복하다. 친구의 아버지는 유명한 시인이시며 큰스님이시다. 혼자서 아이들 잘 키우고 꿋꿋하게 잘 산다고 하여, 신사임당상은 두리에게 줘야 한다며 칭찬을 아끼지 않으시고 용기와 희망을 주셨다. 손자 손녀 이름도 지어주시고 나에게 희목이라는 호도 내려주시며 나를 예쁘게 봐주셨다. 그의 아버지는 건봉사 절에 잠들어 계신다. 절마당엔 아버지의 시비가 세워져있다. 시비에 새겨져 있는 시 한 구절을 읊어본다. 많은 시와 글이 있지만 그중에 내가 좋아하는 시다.

출정사(出征詞)

조영암(趙靈巖)

복사꽃 붉은 볼이
너무도 젊어
사랑도 하나 없이 싸움터로 달린다

나라와 겨레 위해

몸이 슬어도
천년(千年) 후 백골(白骨)은 웃어 주리니

흐려오는 안정(眼精)에
얼비치는 사람아

흰눈벌 촉루 위에
입맞춰 달라

6·25동란 때 나라와 겨레 위해 전쟁터로 나가 목숨 바친 젊은 청년들을 생각하며 안타까운 마음으로 지으신 시다.

삶이 울적해지면 이곳에 온다. 그때에 비교하면 주변의 자연이 많이 훼손되었지만 그래도 이곳은 친구와 나의 추억이 많은 곳이다. 보슬비가 내리던 그날처럼 오늘도 방문을 열어놓고 바람에 나뭇잎 부딪는 소리, 낙숫물 떨어지는 소리를 들으며 잠을 청해본다.

서울이 가까운 이곳에 오면 마음이 편해지고 된장, 고추장 익어가는 것을 보고 기다림도 배운다.

혼자서 사남매를 데리고 살다보면 경제적인 문제가 아니라도 여러 가지 버거운 일이 있을 때가 있었다. 의논할 대상이 없어 어디로 숨어버리고 싶은 마음과 싸울 때마다 이곳에 오면 할머니가 계시는 친정집에 온 것처럼 마음이 안정되고 편했다.

97년도에 발표한 20편의 시는 모두 이곳 양평에서 탄생했다. 그중에 「나팔꽃」과 「등산길」이라는 시는 내 인생에 견주었는지도 모른다. 늘 씩씩하게 잘 사는 것 같지만 내 차가운 영혼 속엔 외로움과 그리움이 웅크리고 있어 남몰래 뜨거운 눈물을 토할 때도 많았다.

먼 한길을 쳐다보고 누가 찾아 올려나 그리움도 알았다. 시를 쓰면서 삶으로부터 숨어버리고 싶은 까닭도 알게 되었다. 밭두렁에서 야생 나팔꽃이 혼자서는 우뚝 설 수가 없어 키 큰 잡풀들을 붙잡고 일어서는 것을 보고 위로를 받았고 '나도 나팔꽃처럼 아양을 떨며 누구에게 손을 내밀어볼까' 실없는 생각을 한 것도 그때였다. 한 송이 지면 또 한 송이 피우는 나팔꽃의 인내로 살아보리라 다짐도 했다.

사나사 절만큼 오래된 늙은 소나무 사이를 우적이며 지나가는 바람소리와 유명산 골짜기서 흐르는 물소리와 오일마다 돌아오는 양평장날, 장국밥 한 그릇 푸짐하게 사먹고 이것저것을 사다보니 있을 것은 다 있다. 여기서 살아도 될 것 같다.

따끈한 차 한 잔을 들고 앉으면 하얀 백지 위에 내려앉는 은어조각들 그 뜻도 알 것 같다. 여기서 살아도 될 것 같았다.

(2015. 가을)

재봉틀

"요즘 버리는 것이 인테리어래요."

신지 않는 신발과 오래된 그릇들을 바구니에 담으면서 얼마나 살겠다고 궁상을 떠느냐며 동생이 지청구를 한다. 장롱도 버리고 낡은 책장도 버려야지 하면서 못 버리는 것은 한생을 함께 해온 정든 물건들이라 그런 것 같다. 사랑하는 사람도 자식도 모두 내 곁을 떠났어도 할퀴고 찢겨 상처투성이로 늙어 빛바랜 책장과 장롱만이 나를 지키고 있다.

아파트로 이사하면 붙박이장과 수납공간이 많아 버리지 않으면 둘 곳이 없어 버려야한다. 내일 아침 일찍 이사하기로 하여 잠시 은행에 갔다 오니 현관 복도에 버릴 물건들을 쌓아 놓았다.

먼지를 뽀얗게 쓴 채 작은방 구석을 차지하고 있던 고장 난 재봉틀도 끌려나와 있다. 나를 애잔한 눈빛으로 쳐다보는 듯하여 재봉틀을 번쩍 들어 안방에 들여다 놓았다. 뽀얗게 뒤집어쓴 먼지를 닦으니 지난날이 떠오른다.

딸들 키울 때 큰딸이 입던 옷 작아지면 고쳐서 둘째에게 입혀도 투정하지 않았다. 동대문 시장에서 땡땡이 무늬 천을 끊어다 딸들에게 원피스 만들어 입혀주던 재미도 있었다. 지금은 풍요로워져 질 좋은 소재로 아이들의 예쁜 옷이 많지만 그때는 어른들도 옷을 양장점에서 맞추어 입던 시절이었다. 요즘은 줄여 입거나 꿰매 입을 일이 없다. 고장 난 재봉틀 몇 년을 두고 쓰지 못했지만 버리기는 아까운 주체스러운 중고품이 되었다. 고쳐다 써야지 하면서 옛날같이 바느질 할 것도 없고 하여 지금까지 그냥 버려둔 것이었다.

"우리 집안이 어떤 집안인데…."

윗대 어른들이 벼슬한 양반집이라고 자존심만 내세우는 시부모님의 잔소리를 참아내며, 직장과 집안일을 하며, 마음 고생하던 시절이 떠오른다.

"양반이면 무엇해, 가진 것도 없으면서…."

혼잣말로 중얼거렸다. 내면의 소리와 끝없이 싸워야 했다. 수선스러운 마음을 잠재우기 위해 재봉틀 앞에 앉아 한 뜸 한 뜸

돌돌 박아 옷을 만들면 마음이 순해져 스트레스가 풀리고는 했다. 옷이 예쁘게 만들어졌을 땐 희열을 느끼고, 기분이 좋았다. 솜씨가 좋다고 칭찬을 들을 때는 함박웃음도 웃었다.

114에 재봉틀 고치는 곳이 종로3가에 있다는 안내를 받아 찾아갔다. 하얀 색상의 신제품들이 줄지어 서 있다. 우리 재봉틀과 신제품과 웃돈 주고 바꾸라고 하였지만 어떤 것과도 바꿀 수가 없었다. 부속 몇 개 갈아 끼고 수리비는 48,000원이다. 10일 후에 택배로 부쳐주기로 하고 돌아 왔다.

세월이 많이 흐른 지금 남편은 저세상으로 가고 자식들은 자기들의 둥지를 만들어 떠나고 혼자 남아있다. 잠 못 드는 밤 아무도 없는 허전한 공간 내 방에서 재봉틀과 마주 앉았다.

"새 부속 갈아 끼우니 너는 젊어졌구나. 두꺼운 천도, 굵은 마디도 잘도 넘어가는 구나."

내 아픈 발목도 새 부속으로 갈아 끼울 수 있다면 좋겠다….

유행지난 통 넓은 바지도 줄이고 잠옷도 만들고 행주도 만들어 나눠 줘야지. 할 일이 많아서 좋겠네.

적막한 집안 돌돌돌 재봉틀 돌아가는 소리에 밤이 늦어도 외롭지 않다.

(2014. 10)

둘이 서로 바라볼 때

이곳은 하루에 서너 번은 소나기가 쏟아진다. 세찬 빗줄기가 흙을 튕기며 땅바닥을 후려 때리고 있다. 맑은 하늘에 태양이 강렬하게 내리쬐다가 별안간 소나기가 쏟아지면 피할 겨를도 없이 비를 흠뻑 맞게 된다. 사람들은 비를 맞는 데 익숙해서 비를 피하려고 애를 쓰지 않는다. 거리에 고인 빗물은 깨끗하여 거부감이 없다. 빗줄기는 어느덧 사라지고 하늘엔 무지개가 뜨고 저물녘이 되면 난게토토 섬 위로 장엄한 낙조의 황금색 물결이 출렁인다.

선창에 부딪치는 파도소리, 하얗게 널려있는 구름, 하늘이 바다 속에 들어앉아 수영을 하는 듯 바닷물과 함께 떠내려가고 있다.

뜨거운 태양빛을 피해 나무그늘 아래 벤치에 앉으면 시원하다. 이 나라에서는 경치가 아름다운 곳은 공원으로 개발하여 모든 사람들이 이용하게 했다. 집을 짓기 위해 자연을 훼손하지 않는다. 언덕이나 숲속이라도 나무를 함부로 잘라내지 않으며, 그 어떤 유익보다 자연을 최우선으로 생각하는 나라다. 우리나라는 자연 환경이 좋고 아름다운 곳은 개발이라는 명목으로 자연이 얼마나 훼손되었고 또 얼마나 더 파괴될지 생각하면 모골이 송연하다.

카페나 백화점이 있는 시내보다 멋진 요트들이 줄지어 서 있는 선창이 아름답다. 주말이면 지인들과 요트를 타고 바다에 나가 파티를 열며 즐긴다. 부자의 기준이 좋은 집을 가진 것보다 좋은 요트를 가진 사람이라고 한다.

사람들의 모습은 검소하여 명품 옷을 입고 짙은 화장을 하고 보석으로 치장한 여인을 보기 드물다. 성품도 온순하고 다른 나라에 비교해 인종 차별도 없는 편이다.

아무렇게나 입은 옷맵시도 멋이 있다. 사람들이 이곳의 자연을 닮은 것 같다.

공원이나 거리에는 아름드리나무들이 많다. 이곳은 공원을 아름답게 꾸민다. 갖가지 꽃들이 탐스럽게 피어 있고 누구도 함부로 꽃을 꺾지 않으며 어린아이들도 자연을 사랑하는 법을 초등학교 때부터 배운다고 한다.

80이 넘어 보이는 노부부가 벤치에 나란히 앉아 앙상한 어깨를 서로 기댄 채 손을 잡고 만지작거리며 다정하게 이야기를 나누고 있다. 노여인의 손톱과 발톱에 빨간 매니큐어를 바르고 입술에 립스틱도 발랐다. 몸은 늙어 변했어도 예쁘게 보이고 싶은 여자의 본능이 아름다워 보인다.

이 나라 사람들은 젊은 사람은 말할 것도 없지만 노인들도 짝을 잃어 혼자가 되면 다시 재혼하여 가정을 이루고 산다. 몇 번을 재혼해도 흉이 되지 않는다고 한다. 혼자 사는 것보다 둘이 사는 것이 경제적으로 윤택하게 살 수 있도록 복지가 되어 있다고 하니 이곳의 노년들이 부럽다.

우리나라에선 1, 20년 전만 해도 혼자된 여인이 재혼을 하면 가문의 수치라고 했다. 남편이 세상을 떠나면 팔자 나쁜 여자로 낙인 찍혀 죄인처럼 살던 시절도 있었다. 우리나라에서도 요즘 70대에 재혼하면 가문의 영광이라고 한다니 세상이 많이 변했다. 이 공원에는 노인들이 많이 와서 운동하고 수영도 하며 즐긴다.

노부부가 바닷가로 내려가 서로 수영복 매무시를 다독이며 도와준다. 손을 잡고 바닷물로 들어가 수영하는 모습을 한참 바라보고 서 있었다. 한 쌍의 오리가 물 위에 떠있는 것처럼 서로 바라보는 모습이 서녘의 살굿빛 노을과 함께 한없이 아름다워 보인다.

젊어도 늙어도 혼자 있으면 완성이 아니라는 생각이 들게 한다. 둘이 서로 바라볼 때 비로소 완성이 아닐까. 서로 기대고 있는 사람 인(人) 글자처럼….

절개를 지키고, 가문의 자존심을 지키며 도도하게 잘 살았다고 해도 자연의 법칙으로 볼 때 참뜻이 아니라고 여겨진다. 오래전에 혼자가 된 나는 고독이 밀려올 때마다 마음속으로만 다른 세상을 동경하며, 주어진 현실을 뛰어넘지 못하고 그래서 늘 시간이 지난 뒤 후회하고 살아왔다. 뉴질랜드의 문화가 부럽다. 속절없이 사라져간 나의 날들….

해질녘 노을에 잠기는 노부부의 모습도 이 나라 아름다운 자연의 일부라는 느낌이 든다. 이곳은 자연과 사람이 하나이다.

(2010)

만 추

붉은 단풍잎이 온 산에 핏빛으로 출렁인다.

가을바람 소슬한 날 동생과 함께 청계산 등산길에 나섰다.

4호선 전철을 타고 어린이대공원역에 하차 청계산으로 오르는 코스를 따라갔다. 춥지도 덥지도 않은 좋은 계절이기도 하지만 토요일이라 젊은 사람들이 많다. 붉은 단풍이 출렁이는 골짜기를 따라 젊은이들 틈에 끼어 걷고 있으니 나도 한껏 젊어진 듯 발걸음이 가볍고 힘이 솟는다.

이 코스는 오르막과 내리막이 많고 경사가 심해서 운동량은 많아 좋지만 관절이 약한 사람은 조심해야 한다. 내리막길에서는 미끄러질까봐 나뭇가지를 붙잡고 걸음폭을 작게 줄여 안절부절못하며 내려간다. 일면식도 없는 낯선 남자가 손을 잡아주며 정상까지 잘 갈 수 있도록 도와주기도 한다. 오르막길에서는 동생이 뒤에서 엉덩이를 밀어 주었다. 숨이 턱에 차오른다. 깔딱 고개를 힘겹게 넘으면 평지인 산중턱에 맑은 물이 흐르는 샘이 있다. 등산객들은 모두 이곳에서 물을 마시고 숨을 고르며 쉬어 가는 곳이다. 오르막길과 내리막길을 지나 돌아서서 바라보니 이 길은 내 인생 같다는 생각에 사로잡힌다.

세차게 몰아치는 비바람에도 굳세게 붙어있던 푸른 이파리들이 작은 바람에도 우수수 소리를 내며 이별의 붉은 눈물이 되어 떨어져 쌓이고 있다.

우리는 낙엽 위에 앉아 싸 온 점심을 풀어놓고 꿀맛같이 먹었다. 어저께까지만 해도 푸르름을 과시하던 이파리들은 어느새 붉게 물이 들어 이별을 속삭인다. 성미 급한 나무들은 옷을 벗어 가지런히 쌓아놓고 앙상한 어깨를 서로서로 기대고 겨울잠에 들 준비를 하는 듯하다.

봄에는 사랑에 빠져 열렬히 꽃을 피우고, 여름엔 잎과 열매를 키우고, 세차게 부는 비바람에도 씽씽 소리를 내며 푸름을 과시하던 이파리, 길짐승 날짐승에게 안식처도 되어 주었는데, 이제는 한 청춘 다가고 남은 것은 앙상한 가지뿐인가.

자연의 이치를 잘 알고 있는 나무들은 머지않아 순응의 몸짓을 보일 것이다. 핏빛 이별의 아픔이 골짜기에 소복소복 쌓여 우리의 발길에 밟혀 흙으로 돌아가겠지. 우리의 몸도 아버지 어머니의 한 방울의 물이 몸으로 태어나 성장의 기간을 거쳐 꽃 피고 잎 피고 열매 맺어 다복이 쌓아놓고 때가 오면 흙으로 돌아갈 준비를 하지 않는가.

정상에 올라 먼 곳을 바라보니 모락산, 수리산이 잘록잘록한 허리를 드러내고 안개이불을 덮고 길게 누워있다. 그들도 오래지 않아 붉은 비단이불을 덮고 겨울잠에 들겠지.

하얀 머리 풀어 헤친 억새줄기, 만추에 취해 등 떠밀려 내려앉은 곳 내 삶은 이별바다 핏빛으로 출렁인다.

시 한 줄을 써본다.

등산길

힘들고 숨 가쁜
오르막길
안절부절 발걸음 바빠지네,
내리막길
돌아보니 이 길은 내 인생 같구나,
어저께 푸르름
과시하던 이파리
오는 보니 노릇노릇 물이 들었네
서녘에 물든 내 모습 같구나.

카레를 끓이며

싹이 돋은 곳은 칼끝으로 도려내고 깎아놓은 알토란 같이 뽀얀 감자를 물에 담가 놓았다. 같은 층 8호에 살고 있는 대식이 엄마가 지난 설날 시댁에서 가져온 감자가 싹이 돋아 못 먹는다고 음식물 쓰레기통에 버린 것이다. 양이 많은 감자가 아까워 주워다 7호집 엄마와 둘이 앉아 깎았다. 대식엄마는 짜증을 내며 "6·25세대 보릿고개 세대들의 빈곤 근성은 못 말려!" 까칠하게 쏘아붙이고 집으로 들어갔다.

요즘 음식물 쓰레기통이 넘쳐난다. 멀쩡한 사과, 감자, 고구마, 호박 등이 버려져있다. 시골서 부모가 힘들게 농사지어 장에 내다 팔면 돈이 되지만, 자손들 먹일 생각에 아껴 두었다 알

뜰살뜰 싸주는 것들이다. 부모의 심정과 수고를 생각하면 함부로 버릴 수 없는데 안타까운 생각이 든다.

어머니, 아버지 살아계실 때 쌀, 고구마, 감자, 고춧가루 등을 부쳐주시면 부자가 된 것 같이 행복했었다. 여자들의 근검절약이 나라의 경제를 살리고, 가정살림을 늘이기도 하고, 줄이기도 한다. 수입을 올리는 것도 중요하지만 알뜰히 관리하는 것이 더 중요하다.

지구촌 어딘가에 배고픔에 허덕이는 가난한 사람들이 있다는 사실을 한 번쯤 생각해 보는 것도 좋을 것 같다.

지독히 가난한 시절을 살아낸 세대라서인지 음식이든 옷이든 잘 버리지 못한다. 먹을거리가 지천인 풍요로운 시대에 무슨 궁상이냐며 딸들도 지청구를 하지만 궁핍하던 때를 떠올리면 도저히 함부로 버릴 수가 없다.

마트에 가서 돼지고기와 당근, 양파를 샀다. 감자, 당근, 양파, 고기를 깍둑썰기로 썰어 볶은 다음 물을 붓고 은근한 불에 뭉근하게 끓인다. 보글보글 끓고 있는 카레를 젓고 있으니 카레와 볶음밥을 좋아하는 아들 생각이 난다. 미국서 살고 있는 아들 밥은 제때 먹는지, 사남매 키울 때 저녁 찬으로 카레를 끓여주면 맛있게 먹고 좋아라했는데…. 좋은 세상을 살면서 편해진 생활과 입에 맞는 음식이 지천이다. 바쁘다는 핑계로 반찬은 가게에서 사다 먹다보니 버릴 수밖에 없다. 밥짓기, 청소하기, 세탁 등 웬만한 집안일은 기계가 하는데, 늘 시간이 없어 허둥거린다.

한때는 소비가 미덕이라며 소비를 부추기던 때가 있었다. 그러나 나는 먼 나라의 이야기인 줄 알고 살았다. 6・25세대 보릿고개 세대들의 빈곤 근성은 못 말린다고 쏘아붙이던 대식이 엄마의 말소리가 머리에서 맴돌고 있다. 보릿고개 세대들은 근검절약하고 알뜰히 저축하여 경제발전 도약의 초석을 놓은 이들이다. 오늘날 눈부신 발전도 보릿고개 세대들이 깔아놓은 레일위로 달렸기 때문이 아닐까. 반만년의 가난을 해소하고 당당히 강국의 대열에 올라서는 기적을 만들었다는 자부심에 철없는 사람의 빈정거림도 조금은 이해할 수 있다.

시장경제를 걱정하는 뉴스를 들을 때마다 집안 살림하는 여인들의 손끝이 알뜰해지면 하는 부질없는 걱정을 해본다. 세태탓을 할 뿐 달리 할 말이 없다.

한국은 여자들의 천국

미국에 이민 가서 살고 있는 친구로부터 연락이 왔다.

친구가 이민 가던 그 당시만 해도 부러움의 대상이었다. 꿈과 희망을 안고 떠나는 송별회를 하던 때가 어제 같은데 어느덧 40년이 흘러갔다.

이민 간 지 10년 되던 해에 친구의 남편이 혈압으로 쓰러졌다고 한다. 결국 몸의 절반이 장애를 입게 되었다. 일하지 않으면 살 수 없는 미국 땅에서 남편의 병수발과 삼남매의 교육뒷바라지는 친구의 어깨에 무거운 짐이 되어 40년간 한 번도 고국에 오지 못했다.

내가 미국에 가면 나를 붙들어 놓고 싶어 하는 절절한 마음을 알기에 그곳에 발이 묶혀 3개월간 가게 일을 도우며 지내기도 한 피붙이 같은 친구다. 이민생활을 청산하고 돌아올 계획을 몇 번이고 세웠지만 자식들 교육 때문에 쉬운 일이 아니었다.

지금은 고생한 보람으로 자식들은 좋은 대학을 졸업하고 부러워 할 만큼 좋은 직장에서 일하고 있다. 결혼하여 엄마의 품을 떠나 자기들의 둥지를 만들어 살고 있다. 수발들던 남편도 5년 전 세상을 떠났다. 이제 자유의 몸이 되었다고, 어디라도 갈 수 있다고 말하는 친구다.

계절이 바뀔 때마다 눈이 오고 비가 올 때도 고국에 대한 향수병이 도져 전화로 수다를 떨며 그리움을 달래곤 했다. 언젠가 눈이 많이 온 날 전화가 왔다.

"뉴스를 보니 한국에 눈이 많이 왔네. 뉴욕도 눈이 오고 있어."

눈 오는 날이면 장충공원이 생각난다며 옛 추억을 떠올리며 울먹일 때가 한두 번이 아니었다. 버거운 이민생활에 저항하는 몸부림인 것 같아서 가슴이 아팠다.

친구는 이북에서 초등학교 1학년 때 피난을 왔다. 함께 살던 어머니는 돌아가시고 이종사촌 언니가 대구에 살고 있지만 사실 고아나 마찬가지였다. 나도 고향을 떠나 학교생활과 직장생활을 하던 때라 우린 서로 외로움을 달랬다. 속에 있는 말을 터놓고 이야기할 수 있는 유일한 친구였다.

메디컬센터에서 함께 근무하며 을지로에서 명동 코스모스 백화점까지 높은 하이힐 신고 함박눈을 맞으며 둘이서 걷다가 넘어져 눈사람처럼 눈을 덮어쓰고 서로 쳐다보며 배꼽잡고 웃던 날도 있었다. 을지로 입구 상록수 그 다방 아직도 있는지, 밖에는 함박눈이 내리고 담배연기 자욱한 창가에 앉아 따끈한 차 한 잔에 몸을 녹이던 그때가 생각난다고 했다. 지금도 눈이 오는 날이면 기억의 갈피 속에 차곡차곡 쌓인 수많은 사연들을 어제 일처럼 함께 떠올릴 수 있는 친구다. 우리의 젊은 날은 하룻밤의 꿈처럼 지나갔다. 몸이 늙으면 마음도 같이 늙으면 좋으련만 마음은 여전히 청춘이다.

주말이면 둘이서 멋지게 차려입고 명동거리 걸어가면 사람들의 시선을 받던 젊은 날도 있었는데, 머~언 길 굽이굽이 돌아서 반백이 되어 그도 나도 그때처럼 혼자가 되어 우리는 서울에서 다시 만나게 되었다.

이번 추석은 한국에서 보내겠다고 한다. 어머니 산소와 이종사촌 언니가 대구에 살고 있어 인천공항에서 대구로 가는 비행기를 타기 때문에 시간상 공항마중을 나가지 않기로 했다.

내가 미국 갈 때마다 뉴욕 케네디 공항에 마중 나온 친구인데, 40년 만의 귀국을 멋지게 맞이해 주고 싶어 서울에 살고 있는 친구와 인천공항에 나가기로 했지만 추석이 지난 뒤 우리는 대구에서 만났다.

수려하고 곱던 얼굴은 세월이 그려놓은 주름이 가득하고 빛나던 검은 머리는 반백이 되었다. 백의 천사의 고운 손은 농부의 손같이 거칠다. 몸무게는 80킬로그램이 넘는 뚱순할매로 변해버린 친구를 보는 순간 내 설움 네 설움에 서로 끌어안고 울고 말았다.

피난 시절 살던 부산에 가고 싶다고 하여 부산으로 갔다. 부산 시티투어를 하면서 미국서 뉴스를 듣고 보고 했어도 눈앞에 펼쳐진 부산의 발전을 보고 입을 다물지 못하고 여기가 부산이 맞느냐고 감탄을 한다.

투어를 마치고 옛날 어머니와 살던 동네를 찾아보기로 했다. 물어물어 찾아보지만 변해버린 동네는 어느 쪽이 윗동네로 올라가는 입구인지 찾기가 어렵다. 그 당시 아랫동네 평지에는 부자들이 살았고 윗동네는 가난한 사람들이 옹기종기 모여 살았다. 높은 곳이라 달동네로 불렀다.

추운 겨울 학교에 갈 때 연탄재 봉지에 담아주면 눈이 얼어붙은 골목길에 조금씩 뿌리며 내려갔다고 한다.

"여기쯤인가, 구멍가게가 있었는데. 학교를 마치고 돌아 올 때 가게에 들러 새끼에 끼운 연탄 두 덩이를 사들고 타박타박 걸어서 오르던 길이 2차선 길이 되었네."

40년이 지난 지금 무엇인들 그대로 있겠는가. 혼잣말로 중얼중얼 망향가를 부르는 듯하다.

엄마와 살던 옛집은 온데간데없이 사라지고 화려한 양옥집들이 탁 트인 조망권을 자랑하며 부산 시가지를 내려다보고 있다. 고생하던 피난 시절, 꿈 많았던 소녀 시절의 추억을 찾아온 이곳 흘러간 세월의 무게가 고스란히 느끼며 한참을 서 있었다. 피난 올 때 업고 온 여동생을 일곱 살 되던 해에 연탄가스 사고로 이곳에서 잃었다고 하며 낯선 대문 앞에서 발걸음이 멈춘 채 우두커니 서 있는 친구의 눈에 이슬이 맺혀있다.

자갈치시장에서 모처럼 곰장어(먹장어)와 갈치조림으로 푸짐한 저녁을 먹었다. 피곤한 몸을 풀 겸 사우나에 들어갔다. 오랜만에 친구들과 나란히 누워 때도 밀고 마사지도 받고 수다도 떨면서 밤을 보내기로 했다.

밖은 40도를 오르내리는 무더위지만 사우나 안은 시원하다. 여행에 지친 다리를 뜨거운 물에 풀고 하룻밤을 지내기에 그리 나쁘지 않았다.

식사 때가 되면 주로 한식을 먹었다. 제대로 된 한식다운 음식을 먹어본 지 오래되었다는 친구는 음식을 먹을 때마다 맛있다는 말을 연거푸 한다.

어느 날 점심을 먹던 친구의 말이 한국은 여자의 천국이라며 부러워한다. 평일 대낮에 배우같이 차려입은 중년여인들이 고급 음식을 즐기고 있는 것을 보면 40년 이민생활이 사기당한 기분이란다.

"세계에서 여자들이 살기 좋은 나라가 한국 같아! 한국은 여자들의 천국이야, 미국, 캐나다는 노동의 천국이거든."

그 말 속에는 이민 간 것을 후회하는 듯한 느낌이 들어 있었다. 노동의 천국이라는 미국 땅에서 열심히 일하며 살다온 친구에게 우리는 무슨 말을 해야 할지, 침묵이 흘렀다.

과연 한국은 여자들의 천국일까.

바위틈의 단풍나무

잡목이 우거진 좁은 길섶에 자리 잡은 키 작은 야생화, 키 큰 나무에 가려져 잠시 스치고 지나가는 한 줄기 바람과 햇살이 고마워 식솔도 올망졸망 많이도 매달고 가을 햇살에 붉게 익어가고 있다.

푸른 청춘을 과시하며 맑은 공기와 그늘을 만들어 주던 나무들도 어느새 붉은 낙엽이 되어 바람에 휘날리고 있다. 머지않아 앙상한 가지를 서로 기대고 몰아치는 추위를 견디며 겨울잠에 들겠지.

우리의 몸도 세월의 나이를 먹으면 언젠가는 낙엽같이 낡아서 벗어버리는 날이 오겠지. '몸은 영혼의 옷에 불과하다. 몸에는 나이가 있지만 영혼에는 나이가 없다'는 법정스님의 말씀이 생각난다.

몇 년 전만해도 산에 오를 때면 정상까지 한 번도 쉬지 않고 오르는 것을 자랑으로 여겨 의기양양했는데 요즘은 서너 번은 쉬어야 한다. 그래도 천천히 올라가니 보고 만지고 느끼는 것이 많아서 좋다. 옷이 흠뻑 젖도록 땀이 흐른다. 단숨에 정상까지 가는 것만이 목적이 아니라는 것을 새삼 알게 된다.

우리가 쉬고 있는 앞에 오랜 풍상을 겪은 절벽이 병풍처럼 서 있다. 갖가지 모양의 괴석과 수없이 갈라져 금방이라도 무너져 내릴 것 같은 절벽에 작은 틈만 있어도 나무들이 뿌리를 내린다.

넓은 평지에는 키 큰 소나무들이 쭉쭉 뻗어 도도한 자태를 자랑하며 서 있다. 넉넉한 품을 자랑하는 소나무 밑에 앉아 쉬어 가기로 했다. 땅의 지기와 숲의 향기가 넉넉하여 금세 피로가 풀리고 기분이 좋아진다.

눈여겨보니 절벽 위 바위틈에 단풍나무 하나가 유난히도 붉고 고운 잎을 달고 햇빛에 반짝이고 있다. 한 그루의 분재를 본 듯 감탄을 했다. 절벽의 작은 틈 사이에서 겨우 뿌리를 내려 흙의 기운과 수분이 부족하여 밤에 내리는 이슬을 받아 근근이 살아온 듯 가지가 제대로 자라지 못해 짤막짤막하다. 억세게 자라서 몸매는 울퉁불퉁 만고풍상을 겪은 흔적을 드러내고 있다.

사람의 손을 빌리지 않고는 옮겨갈 수 없기에 그 자리에서 운명적으로 처절하게 살아낸 외로운 단풍나무. 몰아치는 강풍과 눈비를 머리에 이고 얼마나 힘들었을까. 평지의 키 큰 나무들을 힐끗힐끗 쳐다보고 얼마나 부러워했을까.

고통의 세월 속에서도 맡은 바 본분을 다하기 위해 뿌리를 단단히 내리고 한 올 한 올 곱게도 물들였다. 고난의 세월을 살아온 우리의 자화상을 보는 것 같다.

매주 산에 오르는 것이 취미였는데, 발목관절과 발바닥이 아파서 혹시라도 넘어질까 봐 평지나 열심히 걷고 산에 가는 것은 접어야 될 것 같다는 생각에 잠시 울적해진다.

마음이 울적하거나 삶이 버거워지면 산으로 가는 습관이 있어 위로를 받으며 답을 얻기도 했는데 이젠 어디에서 위로를 받아야 하나.

그동안 자연 속에서 오묘한 가르침도 배웠다. 오늘 한 그루의 단풍나무를 보고 느낀 것 같이 나는 산에서 인생을 배우고 철학을 배웠다. 언젠가는 우리 인간도 몸이라는 옷을 벗어버리면 한 줌의 흙이요 한 방울의 이슬인 것을 늦가을 곱게 물던 단풍잎 같이 내 황혼도 한 올 한 올 아름답게 물들여 봐야지.

돈이 효자다

아이들이 모두 전화를 받지 않아 애가 탔다.

다시 큰딸에게 전화를 했다.

"엄마 여러 번 전화했네. 우리 사우나하고 점심 먹어요. 이리로 오세요."라고 한다.

"엄마 점심 먹었다."

전화를 끊었다. 서운하기도 하고 배신감 같은 것이 치밀고 올라온다. 가슴이 멍하여 하늘을 한참 쳐다보고 집으로 갈까, 아이들이 있는 곳으로 갈까, 그 자리에서 서성거렸다.

며느리와는 한 집에 살고 있고 딸 셋은 가까운 곳에 살고 있다. 항상 엄마를 챙기고 사우나에도 함께 가기 때문에 엄마를 빼놓고 저희들끼리 사우나에 간다는 것을 생각지도 못했다.

먼 곳도 아니고 집 가까운 곳에서 나만 빼놓고 점심을 먹었나 하는 생각에 세상에서 혼자 된 것 같은 외로움이 하루 종일 우울하게 한다.

어느 날은 자식 때문에 행복하고 어느 날은 섭섭해서 다시 보지 않을 것같이 다짐해도 작심삼일이다. 늘 보고 싶고 궁금한 것이 부모의 짝사랑인가. 관심을 가지면 간섭이라 싫어하고 모르는 척 물러서 있으면 냉정한 부모라고 한다. 평생을 떠받들고 산 세월 섭섭한 것이 쌓여 하소연 하면 엄마는 보상 심리가 강하다는 말을 한다.

생각해보니 자식들 생활 속에 깊이 들어가 간섭하며 인정받고 대우받기를 바라고 살지는 않았는지? 스스로 자책한다.

한세상 살면서 남편 출세시킨 것도 없고 경제적으로 만족할 만큼 쌓아놓은 것도 없고 오로지 자식들만이 내 재산이라고 생각하고 살아왔으니 본의 아니게 자식들을 피곤하게 할 때도 있었을 거라고 생각한다.

친구들이 모이면 제각기 하는 말이 자식에게 연연하지 말자. 손자들도 돌봐 주지 말자. 우리 건강 챙기고 재미나게 살자고 이구동성으로 말하지만 그것도 작심삼일이다.

자식들이 모두 모이면 봄을 맞는 생동감으로 마음에 활력이 생긴다. 아이들이 좋아하는 음식을 만드느라 바쁘다. 맛있게 먹는 모습을 보면 행복하다. 부모는 자식 향한 해바라기다.

다음날 친구와 함께 사우나에 갔다. 찜질방에 누워 어제 아이들에게 섭섭했던 이야기를 했다.

“당신 자식들 그만하면 효자요. 너무 큰 기대 하지 마세요.”

친구가 나에게 충고를 한다. 옆에 있던 여인이 일어나 앉으며 수도꼭지에서 쏟아지는 물처럼 자식 험담을 쏟아놓는다. 철없는 아들 며느리와 함께 살면서 받는 스트레스를 끝없이 풀어 놓는다.

또 다른 여인도 아들 하나 있는 것이 오래전에 미국 가서 살고 있으니 이웃사촌보다 못하다고, 그리움과 원망이 묻어있는 이야기를 한다. 친구도 나도 옆에 있던 여인들도 가슴에 쌓여 있는 험담을 불은 때 밀듯이 박박 밀어내고 있다.

찜질방에서는 남편과 자식 자랑도 하고, 흉도 보고, 몸도 풀고, 마음도 풀어내는 곳이다.

때로는 자식들의 관심과 사랑을 받지 못하는 불쌍한 늙은이가 되기 싫어 거짓말을 하며 자존심의 울타리를 칠 때도 있다.

“자식들 생각 말고 우리끼리 건강 잘 챙기고 즐겁게 삽시다.”

제일 나이가 많은 형님이 목에 힘을 주어 결론을 낸다.

우리는 사우나에서 나와 돌솥밥집으로 갔다. 정갈하게 차려진 밥상을 들여다보며 어느 며느리가, 어느 딸이, 사우나에 갔다

온 엄마에게 이렇게 정성스런 밥상을 차려 주겠나, 세상에 효자는 돈이란다.

"꼭, 쥐고 놓지 말자."

누구랄 것 없이 다짐을 하고 다짐을 한다.

아무것도 가진 것이 없는 부모는 자식의 관심을 받지 못하지만 재산을 조금이라도 가지고 있는 부모들은 큰소리쳐도 자식들이 받아 준다고 하니 돈이 효자라는 말을 실감나게 한다.

가슴에 쌓여있는 스트레스도 풀고 때도 깨끗이 밀었으니 날아갈 듯 가볍다. 어느 여인은 남편과 다투고 집에서 나오면 막상 갈 곳이 없어 친구를 불러 찜질방에 가서 남편 험담을 풀어놓고 나면 스트레스가 풀린다고 한다. 자식자랑도 흉도 꺼내 놓고 함께 풀 스 있는 친구가 있어 다행이고 그런 장소가 있으니 좋다. 가슴에 데워진 돌 하나 품은 듯 훈기가 번지고 살맛이 난다.

찜질방은 스트레스를 풀어내는 곳이다.

할머니 기일에

할머니 옆에 자려고 동생과 싸우기도 했다.

늘어진 젖무덤을 헤집고 얼굴을 부비며 맡는 할머니의 살내음은 지금도 그리운 냄새이다. 자다가 걷어찬 이불을 목덜미에 닿도록 다독다독 덮어주시던 사랑의 손길. 자식과 손자들을 위해서라면 뼈마디가 시리고 살갗이 떨어져 나가도 아픈 줄도 모르고 사랑의 풀기를 마르지 않도록 칠해주셨다.

할머니의 무명 치맛자락은 늘 뻣뻣하고 얼룩져 있었다. 그 시절 아이들은 왜 그리도 코를 많이 흘렸는지, 이 손자 저 손녀 코를 훌쩍거리면 걷어쥔 치맛자락으로 닦아주시고, 밤이면 오줌싸개 동생이 3일이 멀다하고 솜바지에 지도를 그려도 말없이 숨겨주셨다.

이 불효한 손녀는 병치레를 자주 하여 할머니의 애간장을 태울 때가 많았다. 할머니가 밤새도록 '내 손이 약손이다' 하시며 어미 소가 새끼 송아지 등을 핥아주듯이 쓰다듬어 주시면 아픈 곳이 나았다.

추운 아침 학교 갈 때 발 시릴까봐 신발을 아궁이 앞에서 따뜻하게 데워 주고, 작은 돌멩이 불에 구워 헝겊에 켜켜이 싸서 손에 쥐어 주면 학교에 도착할 때까지 손이 따뜻했다. 귀밑머리 땋아 묶어주고 십리길 걸어서 학교 갔다 오면 배고플까 걱정하여 끓여놓은 김치국밥, 그 맛은 평생 잊을 수 없다.

어머니가 도시에 나가 살고 있어 내 어린 시절은 할머니와의 추억이 많다 그리운 할머니! 천만 번 불러도 사무치는 그 이름 가슴이 어눌해지며 뜨거운 눈물이 솟구쳐 오른다.

그때 어른들은 집안에서도 밖에서도 한복을 입는 사람이 많았다. 방학이 되면 어른들 옷 만드는 방법과 무명옷 손질하는 방법을 가르쳐 주시고 집안일 하는 것, 음식 만드는 것을 가르쳐 주셨다. 여자는 손끝이 여물지 못하면 시집가서 부모 욕 먹인다고 하셨다.

자식 교육 잘 시키고, 쌀 씻은 뜨물도 버리지 말고, 알뜰히 살아야 한다고 여성의 삼종지도에 관한 훈육을 하셨다. 그를 때마다 지금 때가 어느 때인데 할머니 시대의 이야기를 하느냐며 짜증을 부리기도 했다.

나는 시집가서 딸을 낳으면 할머니 같은 잔소리는 하지 않을 거라고 다짐을 했지만 딸들에게 할머니가 하시던 훈육을 나도 모르게 하고 있다. 딸들은 지금이 조선시대냐며 지청구를 한다.

세 살 난 손자녀석이 포대기를 끌고 와 등에 매달리며 업어 달라고 보챈다. 손자를 등에 업고 옛날 할머니가 부르던 자장가를 흥얼거리다보니 내 나이 여섯 살에 홍역과 백일해를 한꺼번에 하여 어른들의 애간장을 태웠던 때가 아슴푸레 떠오른다. 할머니 등에 얼굴을 묻고 심장박동 소리와 잔잔히 부르는 자장가의 울림이 내 영혼에 깊이 각인되어 사남매를 키울 때도, 손자들을 재울 때도, 그 자장가를 부르며 다독인다. 손자들은 할머니표 자장가라고 이름을 붙여주었다.

세월이 많이 흐른 지금 내가 할머니가 되었다. 희생적이고 헌신적인, 사랑 흉내조차 낼 수가 없다. 내 삶의 힘든 고비마다 할머니의 훈육이 한 그루의 큰 나무가 되어 남편의 부재에도 아이들 잘 키우고 살아가게 하지 않았나 싶다.

첫딸을 낳았을 때 목화솜 털어서 손수 포대기를 만들어 주셨다. 서울로 돌아갈 때 흙먼지 뽀얗게 날리는 정류장에서 조심해서 잘 가라며 버스가 보이지 않을 때까지 손을 흔들어 주신 할머니의 모습이 아련하다.

할아버지 제사 때 내려간다고 약속 해놓고, 바쁘다는 핑계로 못 내려간 거짓말쟁이 손녀를 한길을 바라보고 또 바라보며 얼마나 기다렸을까.

좋은 옷, 좋은 음식, 제대로 대접해 드리지 못했다. 서울 사는 손녀 집이 궁금하기도 했으련만 한 번 모시지 못한 불효여식이다. 그때의 철없음이 한이 되어 가슴에 맺혀있다.

할머니는 객지에 나간 자손들의 건강과 행운을 빌며 장독대에 정화수 떠놓고 기도를 드리며 새벽을 여셨다. 가난한 사람보면 쌀이고 보리고 퍼주고 싶어 하시던 정 많은 할머니였다. 항상 우리 집 대문은 열려있었고 밥 때가 되면 지나가는 사람이 들르게 하였다. 배고픈 사람이 집에 오면 밥을 먹여 보내야 마음이 편하다고 하셨다. 얼마를 더 살아야 할머니처럼 사랑 많고 넉넉한 큰 사람이 될 수 있을까.

나에겐 할머니가 사랑이요, 그리움이요, 수호신이다. 일생 살면서 어려운 고비 만날 때마다 지금도 할머니를 부르며 도움을 청한다. 할머니는 어떤 어려움도 다 해결 해 줄 수 있는 태산과 같은 믿음과 용기와 희망이었다.

우리 형제들은 할머니 기일 날 만나면 밤이 새도록 할머니 이야기를 하며 옛날로 돌아간다. 손자 손녀 사랑이 유별난 할머니 때문에 버릇이 없다는 핀잔도 들은 기억이 난다며 우리도 할머니처럼 넉넉하고 사랑 많고, 인자한 모습으로 늙어가자고 다짐을 한다.

오늘 유난히 달이 밝다. 할머니가 둥근 달이 되어 빙그레 웃으며 우리를 내려다보고 있는 듯하다.

'할머니 보고 싶습니다.'

벌금 내고 배운 자연사랑

이 나라에 온 지가 얼마 되지 않아서 손자손녀가 다니는 학교와 마트 가는 길 외에는 어디가 남쪽인지, 북쪽인지, 분간이 되지 않을 때 옆집에 살고 있는 한국분이 아이들 데리고 바닷가로 물놀이를 가자고 하여 자동차에 먹을 것을 싣고 따라 나섰다.

우리가 살고 있는 곳에서 그리 멀지 않은 곳에 맹그로브 숲이 우거진 바닷가 공원이 나왔다. 어디라도 아름답지 않은 곳은 없지만 넓은 잔디 위에서 머릿결을 바람에 날리며 자전거를 타고 달리는 아이들의 해맑은 웃음소리가 넓은 공원에 울려퍼지자 나도 동심으로 돌아가는 듯했다.

바다에서 사는 줄만 알고 있던 갈매기들이 육지인 잔디밭에서 사람들이 흘린 빵부스러기와 과자조각을 쪼아 먹는 것을 보니 신기하였다. 이곳의 갈매기들은 우리나라 갈매기들보다 통통하게 살이 찌고 큰 편이다. 사람을 무서워하지 않는다. 사람들도 갈매기를 귀찮게 여기지 않고 함께 살아가는 듯 보였다.

이곳 사람들도 주말이면 가족과 함께 공원에 나와 즐긴다. 구름 한 점 없는 맑은 하늘에서 쏟아지는 태양빛이 넓은 잔디밭에 부서져 내리고 그곳에 자리를 깔고 앉기도 하고 눕기도 하면서 햇볕을 쬐며 즐기고 있다.

우리는 나무 그늘에 자리를 깔고 앉아 가져간 음식을 먹고 아이들은 잔디밭을 뛰어다니며 말이 통하지 않아도 금세 친해져 놀고 있다.

오후가 되니 물이 빠져나간 자리에 큰 바위들이 많아 내려가 보았다. 바위에 주먹만큼 큰 굴들이 다닥다닥 붙어 있었다. 자동차에 가서 들통을 가져와 굴을 따서 담았다. 금방 들통 하나 가득하다. 그때 어디선가 호각소리가 들렸지만 나와는 상관없다는 듯 정신없이 굴을 따고 있는데 경찰이 왔다. 굴은 바다에 쏟아버리고 경찰서로 가자고 한다. 그제야 자연법을 위반한 것을 알았다. 옆집사람이 짧은 영어로 온 지가 얼마 되지 않아서 실수를 했다고 용서를 빌어 보았지만 통하지 않았다.

'네가 먹을 만큼인 10개 정도는 봐줄 수 있지만 많이 따면 새들의 먹이가 없어진다'면서 경찰서로 가자고 재촉하여 우리는 경찰서로 갔다. 결국 벌금 200불을 냈다.

우리나라에서 하던 습관대로 행동한 내 모습이 부끄러웠다. 벌금 200불 지불하고 자연을 아끼고 사랑하는 법을 이곳에서 배웠다. 자연이 최우선인 이 나라 법을 잘 알지 못하고 행동했으니 이만하기 다행이다.

이곳은 시민들이 자연을 지키는 파수꾼이라고 한다.

어느 날 시티에 나갔다가 70세가 되어 보이는 노인들이 중학교 3학년쯤 보이는 동양인 학생들과 심각한 소리를 하는 것 같아서 가까이 가보았다. 한국에서 유학 온 학생들이다. 너희들은 이 시간 학교에서 공부하지 않고 왜 시티서 돌아다니는지, 어느 학교인지, 묻고 있었다. 그 자리에서 학교에 전화를 걸어 학생들을 데리고 가게 했다. 이 나라 할아버지들은 다른 나라에서 유학 온 자녀들에게도 관심을 가지고 챙기면서 파수꾼 역할을 한다. 어느 누구도 '왜 그래요!' 하고 따지는 사람이 없다. 이곳은 노인들에서부터 어린아이들까지 자연사랑과 질서를 지키는데 자연스럽다.

성당에 다니는 자매님이 오늘 오클랜드 시장으로부터 상을 받았다고 한턱을 낸다고 한다. 상 받은 내용은 다음과 같다.

이곳은 숲이 많아 가을이 되면 거리에 낙엽이 많이 뒹군다. 이 친구는 매일 아침 자기 집 대문 앞을 쓸다가 빗자루 들은 김에 길 끝까지 쓸었다고 한다. 오클랜드 시장이 상을 준다는 연락을 받고 영문을 몰라 시청에 들어가 물어보니 길을 쓸고 있는 모습이 하루도 빠짐없이 날짜대로 사진에 찍혀 있는 것을 보여주며 당신은 모범시민이라고 하며 상을 주었다고 한다.

모범상을 받은 사람은 앞으로 좋은 혜택을 받을 수 있다며 더욱더 모범적인 행동을 하겠다고 다짐하는 모습을 보고 느낀 것이 많다. 너무도 공정하고 정직한 사회이다.

그런 뉴질랜드에서 나는 2백 불 벌금내고 자연 아끼는 법을 배웠다. 이곳 사람들은 자연을 닮았다.

연 꽃

30도를 오르내리는 무더운 날씨에 양평의 세미원을 찾았다. 서울에서 가까운 곳이라 평일인데도 많은 사람들로 붐볐다.

관계자의 말에 따르면 한낮의 찬란함도 좋지만 세미원의 고즈넉한 저녁풍경은 더 기가 막힌다고 한다. 그래서 고요하고 편안한 마음으로 즐길 수 있도록 야간 문을 열어 놓았단다. 은은한 달빛이 비추는 밤 소중한 사람과 특별한 추억을 만들어 보는 것도 좋을 것 같다.

연잎이 방패처럼 하늘을 가리고 있는 사이에 하얀 연꽃과 분홍색 꽃봉오리가 봉긋이 물 위로 솟아있다. 아직 철이 이른 탓인지 만개한 꽃송이보다 봉긋봉긋 솟아오른 봉오리들이 눈길을 사로잡는다. 하얀 살결을 감싸고 있는 여인처럼 화려하면서도 은은한 기품을 풍긴다. 수줍은 듯 의연한 자태가 고혹적이다.

진흙 속에서 저렇게 순결하고 청아한 고운 꽃을 피워 올릴 수 있을까. 무슨 말로도 표현하기 어려운 아름다운 꽃송이들을 한참 쳐다보고 서 있다.

철없던 사춘기 시절, 비 오는 날 연잎을 우산처럼 머리에 이고 종종걸음을 치던 모습과 햇빛에 얼굴이 검어질까봐 양산처럼 쓰고 다니던 기억이 난다. 아무데서나 흔히 볼 수 없는 귀한 꽃이라 방학이 되면 친구들과 연꽃 구경을 가곤했다. 말괄량이 같은 우리도 연꽃을 보는 순간은 마음이 차분해지고 청순한 소녀들이 된 것 같던 기억도 난다.

연꽃은 아무리 봐도 싫증나지 않고 함부로 꺾을 수 없는 도도함을 지녔다.

오후가 되니 소나기가 한바탕 쏟아지려는지 후텁지근하다. 두터운 그늘을 자랑하는 느티나무 아래에 앉아서 검은 구름을 안고 일렁이는 연못을 바라보았다. 금방이라도 소나기를 쏟아낼 기세다.

나뭇가지들이 일시에 흔들리더니 소나기가 쏟아진다. 우리는 비를 피해 정자 안으로 들어갔다.

연잎에 은구슬이 구르고 있다. 수정 같은 은빛 빗방울은 도르르 구르다가 도르르 쏟아져 버린다. 자신이 감당할 무개만 품고 그 이상이 되면 미련 없이 비워버린다. 그렇지 않고 욕심대로 받아들이면 큰 잎으로 인해 줄기나 잎이 꺾어진다는 것을 잘 알고 있는 지혜이다. 세상사는 이치도 마찬가지 아닐까.

연못 한가운데서 놀던 어미오리가 갓 태어난 어린 새끼들을 데리고 무언가를 가르치고 있는 듯하다. 새끼오리들은 알아들은 듯 고개를 끄덕이며 차례로 줄을 서서 엄마 뒤를 따라 비를 피해 연잎 밑으로 들어간다. 수초 사이에서 놀던 개구리들도 쏟아지는 소낙비에 가장자리로 나와 울어대니 주변이 떠들썩하다.

물 위로 솟은 푸른 연밥 꼭대기에 잠자리 한 마리가 비를 맞으며 꽁지를 까닥거리고 있다.

한낮의 소나기는 무더위를 쫓아주고 연꽃 봉오리를 벙글게 하며 더욱 청초해 보이게 한다.

불교에서는 연꽃이 인간의 마음을 정화시키는 깨달음의 꽃이라고 했다. 진흙 속에서 피었지만 오염되지 않고, 시궁창 냄새가 나던 연못도 연꽃이 피면 향기로 그득해지는 것처럼 나의 깨달음도 그렇게 왔으면 좋겠다.

한 사람의 인간애가 사회를 훈훈하게 만들기도 한다. 고결한 인품은 그윽한 향기를 뿜어 사회를 정화시키기도 한다. 그렇게 사는 사람은 연꽃 같다고 할 수 있다. 한 자락 촛불이 어둠을 밝히듯 우리의 깨달음도 그렇게 왔으면 좋겠다. (2015. 7)

스마트폰 없는 7일

친구와 만나기로 약속한 시간이 가까워지고 있다.

준비성이 부족한 나는 외출 할 때마다 늘 동동걸음을 친다. 전차표, 지갑, 핸드폰을 가방에 챙겨 넣고 4호선 전철을 타고 금정역에 하차하여 친구를 기다리고 있다. 만나기로 한 친구로부터 한 시간 늦어진다고 먼저가라는 전화가 왔다

한 동네에 살고 있던 친구가 평택으로 이사하여 집들이를 가던 중이다. 먼저 가서 평택역에서 서로 전화해서 만나기로 했다. 평택역에 도착하여 친구에게 전화를 걸려고 전화기를 찾는데 가방 속에 있어야 할 전화기가 없다. 금정역에서 전화 받은 것이 분명한데 아무리 찾아봐도 없고 어디서 분실했는지 생각이

나지 않는다. 가슴이 털컥 내려앉고 앞이 깜깜하다. 외딴 무인도에 갇힌 느낌이다. 스마트폰 속에 저장된 정보도 중하지만 지금당장이 걱정이다. 매일같이 전화로 수다를 떨던 친구전화도, 자식들 전화도 생각나지 않는다. 근래 찍은 사진들이 없어질 것을 생각하니 머릿속이 아찔하다. 오도 가도 못하고 평택역에서 친구를 기다렸다.

스마트폰을 쓰고부터 수첩을 가지고 다니지 않았다. 필요한 모든 정보는 폰에 저장하면 되니까.

핸드폰 없이는 하루도 살기 힘들구나. 기계의 노예가 되었구나. 기가 막혀 안절부절못하며 불안한 하루를 보냈다.

오늘날 세상이 변하는 속도는 그 어느 때보다 빠르게 느껴진다. 어린아이에서 늙은 할머니까지 스마트폰을 쓰고 수십억 지구촌 인구가 손가락 하나로 무엇이든 할 수 있는 엄청난 속도로 변하고 있다.

지식의 폭발적 증가로 일류의 기술은 빠르게 발전하여 우주에서 사람이 살 수 있는 준비를 한다니 앞으로 4차 산업혁명으로 변화될 미래를 상상해보면, 사람이 할 수 있는 일을 로봇이나 기계에 의존해서 사는 세상에서 살지 않을까 싶다.

인간의 삶은 편리해지겠지만 너무나 빠른 속도로 다가오는 미래에 대한 기쁨보다 불안과 두려움이 앞선다. 수소차, 전기차, 자율주행자동차, 상상도 할 수 없던 일들이 우리 눈앞에 펼쳐지고 있다. 자율주행 시스템으로 차가 움직여 일반도로를 달리게 될 날이 눈앞에 다가왔다. 사람이 운전석에 앉아 독서도 하고 스마트폰도 마음대로 할 수 있다고 한다.

태어난 지 18개월 된 친구 손자 녀석도 눈만 뜨면 핸드폰을 찾는다고 한다. 전자파로 인해 어린 아기의 건강에 문제가 생길까봐 빼앗아 보지만 떼를 쓰고 뒤집어지는 손자를 감당하지 못하고 핸드폰을 쥐어주게 된다. 고사리 같은 손가락으로 자판을 두드리고 상기된 얼굴을 하고 재미에 빠져 있는 녀석을 바라보는 식구들은 걱정을 하면서도 배를 잡고 웃는다고 한다.

전철안의 풍경도 마찬가지다. 앉으나 서나 모두들 고개를 숙이고 스마트폰을 보고 있다. 저렇게 장시간 고개를 숙이고 있으니 목, 어깨, 눈 등에 무리가 생겨 통증을 호소하는 젊은이들이 많아지고 있다니 걱정이다.

인간의 수명이 백세시대라고 하지만 앞으로 30년 이상이 늘어날 것으로 예상된다니 일류역사에 전례가 없는 변화를 겪는 중이다. 요즘 젊은 사람들 중에 성품이 난폭한 사람들이 많아지고 어린 자식을 죽이는 끔찍한 사건들이 생기는 것은 밤에 잠을 자지 않고 스마트폰을 보고 폰에서 흘러나오는 청색불빛이 생체리듬을 파괴하여 불안, 초조, 신경이상이 생겨 건강을 해친 탓이란다. 책을 읽고 써야 할 시간에 유티뷰나 게임을 하고 있으니 심각한 일이다. 인간의 수명이 백세시대에 살고 있다고 하지만 건강하게 살 수 있는 수명은 오히려 줄어든다고 하니 병석에서 길게 사는 것이 무선 의미가 있을까.

스마트밴드(핏비트)를 손목시계처럼 차고 있으면 심박수와 칼로리 소모량 등의 정보가 기록되고 핏비트에 기록된 자신의 건강 데이터를 가지고 진료를 받는다고 한다. 미국의 보험회사는 핏비트 사용자에게는 보험료를 깎아 준다고 한다. 빠른 속도로 다가오는 기술, 미래에 대한 두려움이 앞선다.

핸드폰은 찾지 못하고 행여나 돌아올까 하여 7일간 기다리다 신고 후 새 폰을 샀다. 한동안 불편함을 겪었다. 스마트폰에 의존해서 살다보니 머릿속에 저장되는 메모리가 이미 고장이 나있어, 기록하지 않으면 금방 잊어버리고 만다. 계산기 없이는 계산도 잘 할 수 없으니 기술의 노예가 된 것이다. 앞으로 기술의 증가로 세상은 더욱더 편리해지겠지만 복잡해지기도 할 것 같은 생각이 든다. 텔레비전에서 쏟아지는 정보들 시시각각 들려오는 스마트폰 소리 조금은 외면하고 살고 싶어질 때도 있다. 스마트폰 없는 7일간은 많이 불편했지만 한편으로는 맑고 고요해서 좋았다.

노스탤지어, 삶의 흔적을 문학으로 승화시킨

윤재천
(한국수필학회 회장, 전 중앙대 교수)

장르의 벽이 무너지고 있다.

모든 작품이 천편일률적이어서는 곤란하다. 몇 년 전부터 장르적 편견을 극복하기 위해 실험수필이 양산되고 있고, 함축과 상징으로 점철되었던 시(詩)가 산문을 도입하기 시작했으며, 허구가 바탕인 소설이 수필을 도입하기에 이르러, 장르의 경계선을 변별할 수 없는 시대로 변하고 있다.

그 어느 문학이든 작품은 공예품처럼 다듬어서 형상화되는 일종의 '물건'이다.

언어의 속성에는 감정 유발성과 함축성, 창조성과 음악성이 있을 때 좋은 작품이 된다.

글을 쓸 때는 사물과의 조우에서 기인되는 것이므로, 글의 문체까지 문학적 언어로 형상화한다면 바람직한 글이 된다. '글투'를 소신껏 발휘하며 선택한 제재에 관점을 투입한 후 표현하는 것이 중요하다. 문학에서의 '글투'는 바람직하여 좋은 글을 쓰기 위해선 남과 다른 언어구조를 가미할 때 나타난다. 그때 비로소 잠재적 가치가 내재된 글을 쓸 수 있다.

21세기는 수필시대다. 좀 더 문학성이 있는 글, 좀 더 바람직한 글을 쓰기 위해서는 그 어떤 제재를 만나느냐에 달려있다. 평범한 일상 속에서라도, 그 어떤 현상을 포착하기 위해서는 예술적 교감이 이루어질 수 있는 제재를 만나야 한다.

수필은 타 장르에 비해 주관적 관점에서 사물을 재구성하는 장르라서 글을 쓰는 사람의 체험과 사상이 중요하다. 그 체험담이나 관점에 누구도 흉내낼 수 없는 '글투'를 풀어 넣어 문학으로 형상화된 글, 멋과 맛이 어우러진 글을 쓸 때 가치가 있다. 이때 읽는 사람의 마음을 움직일 수 있는 글, 감동적인 글로 나타나게 되어 독자와 가까워질 수 있는 계기로 나타난다.

무의식에서 발산되는 우연의 감정들, 그 무엇에도 구속받지 않는 내면의 해방감은 글이 춤을 추듯 윤기 있게 해주므로, 남과 다른 철학과 '글투'에 신경을 써야 한다. 이때 쏟아내는 글은

신명나는 리듬을 지닌 문체로 거듭날 수 있어, 감성의 퍼포먼스까지 드러내게 된다.

문두리의 작품세계를 따라가 보기로 한다.

> 이제부터 내 차례다. 남은 날은 수필과 함께 나의 존재를 알리는 빛나는 하루하루가 될 것을 다짐한다. 아침의 찬란함에서 오후 해거름까지 꿈과 희망을 키워가며 열심히 살아온 삶, 이제는 도도히 흐르는 강물처럼 생각도 깊게 넓히고, 옹졸했던 가슴도 넓혀, 붉게 퍼져가는 저녁노을처럼 아름답게 살고 싶다.
>
> - 「지금은 나의 봄날」 중에서

존재의 참모습을 통해 행복의 통로를 찾아가는 작품이다.

문두리는 글을 쓰며 열심히 살아가는 사람이다. '지금은 나의 봄날'이라는 철학으로 완성을 향해 달려간다.

영과 육이 함께할 수 있는 삶, 지금 순간이 최고의 순간임을 인식하며 소박한 삶을 살아간다. 언제 어디서나 깨어있는 정신으로 감정을 조율하고 보이지 않는 것에 눈길을 돌리는 사람이다. 어제가 오늘 같고 오늘이 내일 같은 삶 속에서 무력해지기보다, 생각에 푸른 옷을 입혀 꿈이 있는 삶을 살아간다.

화자는 남편이 부재 했음에도 집안의 대소사와 자녀들을 뒷

바라지하며 정신없이 살아왔다. 그럼에도 일기를 쓰며 그 노트 끝자락에 시 한 수 적어놓곤 했던 삶의 자세는 보편적인 어머니와는 다르다.

화자는 이제 주변의 일이 마무리되었음을 인식하며 책상 앞에 앉아 글을 쓰고 있다. 나이를 생각하면 용기를 잃을 때도 있지만, 삶에 있어 '수필'을 만난 것이 행운이라고 고백한다.

그 각오는 글의 세계를 근사하게 피워보겠다고 결심하며 삶의 흔적들을 풀어 넣고 있다. 글을 씀으로써 무기력했던 삶이 생기를 찾아가고 있으므로, 상상력 또한 거침없이 피어난다. 과거의 삶이 현재에 연결되고 있어 엔도르핀이 가득 찬 글밭으로 나타나고 있다.

'문리(文理)가 통하지 않아도 감동적인 글을 쓰고 싶다'는 화자, 살아오는 동안 많은 난관이 있었지만 그 흔적들을 글감으로 삼으며 최선을 다하고 있다. '혼자 사는 여자라는 말'에 절망하기도 했으나 글쓰기로 인해 봄날을 맞이하고 있다.

일본 시인 '시바타 도요'의 등단 나이와 시집 출간에 용기를 얻으며 글쓰기에 전념한다. 자녀들이 모두 삶을 찾아 둥지를 튼 지금, '이제부터 내 차례다'라며 몰입하는 자세가 녹록치 않다.

남편의 사랑 고백을 들은 것도 그 바닷가에서였다. 결혼

해주면 평생 금방석에 앉게 해주겠다는 고백을 믿고 결혼하여 고향을 떠났지만 금방석은커녕 삶의 동아줄에 묶인 채 허덕이는 사이 세월이 흘러갔다.

삶의 고비 넘을 때마다 고향을 향한 그리움은 위로할 길 없었다. 십년이면 강산이 변한다고 했는데 많은 세월이 흘렀다.

－「그리운 고향바다」 중에서

고향을 그리워하는 마음이 강하게 드러나는 작품이다.

'장천'은 문두리의 영혼에 문신처럼 각인되어 강한 그리움으로 나타난다. 타향에서 이런저런 일로 고비를 넘을 때도 고향을 향한 그리움은 화자에게 위로가 되곤 했다.

고향이라는 말은 다정함과 그리움, 안타까운 정감까지 배어 있다. 문두리가 그려내는 고향바다도 지워버릴 수 없는 터전으로 나타나고 있다. 그 고향에는 화자의 과거가 밀착되어 있어 공간과 시간, 마음이라는 요소가 분리될 수 없을 만큼 연결되어 있다. 어머니 배 속이 생물학적 고향이라면, 고향 '장천'은 영과 육을 평안하게 해주는 이상적 세계로 나타난다.

문명의 이기에 밀려 그 고향에 한화공장과 비료공장, 조선소가 들어와 각인각색으로 변하고 있지만, 화자가 고향을 향한 마음은 그 누구도 통제할 수 없을 만큼 강렬하다. 그것을 모르지 않는 화자는 문학을 통해서라도 그곳은 정서적으로 안정을 주는 곳이라며 '향수'의 대상이라고 고백한다.

'결혼하면 금방석에 앉게 해주겠다'던 남편의 사랑고백도 고향 바닷가에서 이뤄졌으나, 화자는 삶이 순탄한 것이 아님을 모르지 않아 그 앞에 고개 숙인 사람이다. 그곳에서 어린 시절, 사춘기 때도 영화주제곡을 들으며 꿈을 키웠으니 화자에게 있어 장천은 누구보다 애절하다.

문제는 그 고향이 죽어가고 있어 타향 같은 고향이 되어간다. 화자는 문명의 이기를 장승처럼 지켜보며 고향상실증에 시달리다. 작품을 통해 그곳을 재현하며 정체성을 점검한다.

고향바다는 썰물이 되면 갯바닥에 엎드려 바지락과 굴을 캐던 동네 아낙들, 바닷물에 뛰어들어 자맥질을 하며 소라와 꽃게를 잡던 아이들, 갈매기 울음소리와 어부들의 휘파람 소리, 팔딱이는 고기를 잡아 '만선'을 외치며 돌아오는 풍경은 그 시대를 대변해 주고 있어 감동적으로 나타난다.

봄이면 딸들과 꽃모종을 사다가 정원도 꾸미고 실비아, 금낭화와 키 큰 해바라기도 심었다. 목단과 장미도 탐스럽게 피웠다.

밖에서 스트레스 받아 상한 기분도 대문을 열고 마당에 들어서면 언제 그랬냐는 듯 풀리고는 했다. 그렇게 소중하게 가꾼 집을 사업실패로 어쩔 수 없이 내어주고 아파트로 이사하게 되었을 때는 너무 안타까웠다. 일생 동안 잊지 못할 그 집이 지금도 한없이 그리워진다.

-「장독대가 있던 집」 중에서

잃어버린 것에 대한 그리움이 담겨있는 작품이다.

어릴 적 가정환경과 생활에서 오는 교육이 중요하게 나타난다. 화자는 그 기억을 되새기며 장을 담그고 있다.

장 담그기를 연중행사로 알고 있는 화자는 이 시기가 되면 잃어버린 옛집까지 그리워한다. 자녀들을 키우며 옛 어른의 삶을 이어가는 화자, 된장을 담그기 위해 콩을 삶아 메주를 만들고, 그것을 발효시켜 간장과 된장을 만드는 과정은 삶을 향한 기도의 시간이다.

문제는, 200여 평 대지에 전원주택을 지어 붉은 장미와 잔디를 심으며 그 집을 가꿨으나, 사업실패로 아파트로 옮겨 베란다에서 장을 담그고 있으니 옛집이 그리운 것은 당연하다. 하지만 굴곡이 있던 삶에서도 좌절하지 않고, 장을 담그는 마음으로 완성을 향해 걸어가는 모습이 인상적이다.

삶은 시행착오 속에서 펼쳐지는 드라마 같지만 어릴 적 환경이 화자에게 영향을 미치고 있다. 문두리의 된장 담그기도 장독대를 신성처럼 여기던 할머니, 그 장독대에 정화수 한 그릇 떠놓고 멀리 떠난 손자손녀의 안녕을 빌며 기도하던 어른이 있었기 때문이다. 어릴 적 우물이 있던 옛집, 가슴속에 어머니 시집살이와 보릿고개가 담겨있던 그 집이 있어 삶의 결정체로 나타난다.

삶의 전환점은 있게 마련이다. 이 글은 화자의 감성이 잘 드러나서 옛것에 대한 그리움을 더욱 느끼게 한다. 전통문화와 향수라는 이름으로 부각되고 있어 복고열풍이 불고 있는 요즘, 의미 있게 다가온다. 무엇보다 조상들의 삶을 통해 인생의 참맛과 그 가치에 대해 헤아려보게 한다.

삶의 의지와 전원주택의 정취, 평화로운 시골 풍경까지 그려놓고 있어 온기를 느끼게 하는 작품이다.

> 사람도 마찬가지다. 삶 속에서 시련과 고통을 통하여 아픔과 슬픔을 삭이며 때로는 좌절하고 넘어져본 사람만이 무엇이든 녹여서 서로 융화를 이루어 사람냄새를 낸다.
>
> 호박고지가 가루 속에 버무려져 달고 맛난 떡이 되기 위해 이른 봄부터 늦은 가을까지 세월을 삭혀낸 것처럼 우리의 삶도 마찬가지다. 나도 세상 속에 버무려져 달고 향내 깊은 사람이고 싶다.
>
> -「호박예찬」 중에서

농촌풍경과 웰빙적인 삶을 연상하게 하는 작품이다.

척박한 땅을 일구며 텃밭을 만든 화자는 다른 작물은 불가능해 그곳에 호박을 심게 된다. 대리모가 아기를 입양한 심정으로 모종을 심은 후 그 모종이 튼실하게 자라가는 과정을 지켜본다. 그것은 환경이 여의치 않아도 자녀를 반듯하게 양육하는 어머니의 모습이다.

그 정성으로 호박모종은 자리다툼을 하며 지천을 덮고 있다.

그 결실은 마침내 애호박과 늙은 호박으로 나눠지며 이웃에게 돌아가니 인심의 훈훈함까지 느끼게 한다. 비닐하우스에서 크기로 자란 호박보다, 비바람과 태양 아래서 자란 호박이라 그것을 먹는 사람들도 진가를 실감하게 된다.

「호박예찬」의 포인트는 '가부좌를 틀고 앉아 자리를 지키며 늙어가는 호박'이다. 벌과 나비는 날아오지 않지만 과정의 결과물은 고고하게 드러난다.

문제는 '가을걷이가 끝난 들판은 외롭고 쓸쓸한 데'에 있다. 봄, 여름, 가을이 지나면 겨울이 오듯, 살아온 세월만큼 정신적인 양분만이 언 땅 속에 잠재해 있어 인생의 모습과 다를 바가 없다.

「호박예찬」은 인생의 깊은 맛을 보여주는 작품이다. 화자도 할머니의 말씀을 삶의 지표로 삼고 살아온 사람이다. 태양초가 가치가 있듯, 떡을 만들기 위해 호박고지를 만들 때도 바람 부는 마당에 멍석을 깔고 서리를 맞으며 말려야 맛이 있음을 인정한다. 그것은 문두리의 인생관이다. 좌절과 고통을 극복하며 조화를 이뤄낸 사람은 잘 말린 호박고지와 다를 바가 없다.

화자는 남은 삶을 세상 속에 잘 버무려져 향내 깊은 삶을 살고 싶다고 선언한다. 그것은 문두리가 의미 있는 삶을 지향하는 모습, 정체성 굳히기 모습이다 .

「호박예찬」은 읽을수록 단맛이 난다. 사람들의 마음을 촉촉하게 적시는 단비와 같다. 서정적 감흥을 통해 삶의 여유를 유발시켜 현대인에게 심리적으로 안정감을 제공한다. 겨울의 문턱에서 적막한 감정이 맴돌지만 희망 또한 없지 않다.

감정변화가 무궁무진한 게 인간이다. 「호박예찬」은 급할 것이 없다는 듯 느긋하지만 생동감이 넘치는 풍경이다. 정신의 강인함을 보여주며 자연과의 일체감을 보여주고 있다. 늙은 호박에 화자 자신의 삶을 투영하며 존재의 의미를 그려내는 것이 특징으로 나타난다.

어느 날 점심을 먹던 친구의 말이 한국은 여자의 천국이라며 부러워한다. 평일 대낮에 배우같이 차려입은 중년여인들이 고급음식을 즐기고 있는 것을 보면 40년 이민생활이 사기당한 기분이란다.

"세계에서 여자들이 살기 좋은 나라가 한국 같아! 한국은 여자들의 천국이야, 미국, 캐나다는 노동의 천국이거든."

그 말 속에는 이민 간 것을 후회하는 듯한 느낌이 들어 있었다.

-「한국은 여자의 천국」 중에서

삶은 만만치 않음을 실감하게 하는 작품이다.

그 과정에는 인간의 희로애락이 담겨있어 삶이 곧 춘하추동임을 느끼게 한다.

우정의 깊이만큼 친구와 함께한 추억, 친구가 선택한 아메리칸 드림, 사라진 것들과의 공감과 감회, 또는 인생의 깊이에 대하여 담담한 마음으로 글을 쓰는 화자의 모습이 드러나고 있다.

문두리는 미국으로 이민을 간 친구가 40년 만에 고국에 왔으므로, 지난 시간을 추억이라 생각하며 회포를 풀고 있다.

추억은 기억과는 달리, 지난 시간을 반추하게 하는 능력이 있어 상호간에 위안으로 남게 된다. 옛날 추억들이 지금 시점에도 긍정적인 영향을 끼치므로 텅 빈 마음을 치유하는데 부족함이 없다. 힘들던 과거라도 추억이라는 이름으로 전환되면 미래를 향해 전진하게 한다. 과거를 추억하는 것은 시간을 되돌리는 유일한 길, 미래로 건너가는 징검다리다.

친구는 미국에 살면서도 눈 오는 날이면 장충공원을 연상한 사람이다.

그들은 학창 시절을 비롯, 메디컬센터에 근무하며 명동거리를 누비던 때가 수십 년 전이다. 하지만 화자가 글을 통해 그때의 상황을 생기 있게 그려내고 있어 많은 것을 생각하게 한다. 그들에겐 주말이면 하이힐을 신고 거리를 활보하던 젊은 날이 있었는데, 먼 길 굽이돌아 이제는 반백이 된 모습, 너나없이 배우자와 사별한 후 만나고 있으니 감회가 새로울 수밖에 없다.

자녀까지 독립시킨 뒤라야 자유의 몸이 되어 회포를 풀고 있으니, 잃어버린 시간에 대해 회고할 수밖에 없다. 형체도 없는 것들이 미묘한 그리움이 되어 그들 마음속을 휘 가르고 있다. 무엇이든 기억의 조각을 건져내보면 그 자체로는 힘이 없지만, 잠시 추억으로 각인시켜보면 그 이상 반짝이는 것도 없다.

친구는 '한국은 여자의 천국'이라 말하는 사람이다. '평일 대낮에도 배우같이 차려입은 중년여성들이 고급음식을 즐기고 있는 것을 보면 40년 이민생활이 사기당한 기분'이라고 고백한다.

하지만, 문두리는 '과연 한국은 여자의 천국일까'라며 글을 마무리 하는 사람이다.

사무엘 울만은 「청춘」에서 '청춘이란 인생의 어느 기간이 아니라 마음의 상태이고 나이를 먹는다고 해서 늙는 것이 아니라 이상을 잃어버릴 때 늙는다.'고 했다. 인간의 기대수명은 어느 때보다 길어졌다. 나이가 많든 적든 누구나 자신이 가지고 있는 능력을 최대한 발휘하여 내 안에 숨어 있는 잠재력을 확장해 나갈 수 있는 지구력을 지니고 있다.

-「문패 하나 달고 싶다」 중에서

글쓰기에 대한 의지가 강하게 나타나는 작품이다.

「문패 하나 달고 싶다」는 열망으로 마음을 갈고 닦으며 노력하는 과정이 잘 드러나고 있다.

동창 모임에서 한 친구의 돌출발언 때문에 상처를 받았지만, 그것을 계기로 글쓰기에 대한 생각은 굳혀지고 있다.

"두리 씨 요즘 수필 공부한다며, 다 늙어 무슨 글공부냐"라는 친구와, "나이가 무슨 상관이야. 역시 두리 씨는 멋쟁이야." 하는 친구 사이에서 난처했지만, 스스로를 긍정적인 관점으로 끌어올리기 위해 '청춘이란 인생의 어느 기간이 아니라 마음의 상태이고, 나이를 먹는다고 해서 늙는 것이 아니라 이상을 잃어버릴 때 늙는다'고 한 '사무엘 울만(Samuel Ullman)'의 명언을 기억하게 된다.

모든 것은 자신의 입장에서 판단할 것이 아니라, 상대방의 입장을 헤아리는 자세가 필요하다. 사람마다 인생철학과 관점이 다르므로 상대를 배려하는 마음이 중요하다.

문두리는 외유내강한 사람이다. 삶의 과정에서 감당하기 힘든 일과 직면했을 때도 무리 없이 극복한 사람이다. 그때 화자는 양평대교를 흐르는 강물을 바라보며 힘을 얻었고, 말없이 바람을 헤치며 강가에 서 있는 갈대의 내성에서도 지혜를 터득했다.

젊은 시절에는 깨닫지 못했지만, 지금은 인생의 경험과 삶의 지혜를 연륜의 늪에서 핀 꽃이라 생각하며 번쩍이는 생각과 언어를 찾아 헤매고 있다.

시작에는 늦음이 없다. 그것을 깨달은 문두리는 '작가'라는 문패 하나를 달기 위해 촉수를 모으며 달려가고 있다.

> 해는 큰 섬 위에 붉게 걸려있고, 굴뚝에선 연기가 구름으로 피어나고, 밥 짓는 냄새에 발걸음을 재촉했다.
>
> 마당에 멍석을 깔고 모깃불 피워놓고, 된장국, 열무김치, 보리밥이 차려진 큰 둥근상에 둘러앉아 도란도란 이야기를 나누며 저녁밥을 먹었다.
>
> 농사일이며, 열한 식구의 밥을 짓는 어머니의 삼베적삼은 늘 땀에 젖어 있었다. 어두워져서야 개울가 뽕나무 밑에 쪼그리고 앉아 바가지로 물을 끼얹으며 "아이고 시원해라!" 하셨다. 그제야 진종일 쌓인 피로를 푸실 수 있었던 것이다.
>
> -「향수」 중에서

「향수」는 향수를 불러일으키는 작품이다.

화자가 자란 환경, 뛰놀던 산과 들이 고스란히 드러나고 있다. 열한 식구가 살아가던 가정에서 밤에는 마당에 멍석을 깔아

별을 헤아리며 모기를 쫓아내고, 낮에는 형제끼리 일손을 도와 가며 들판을 달리던 어린 시절이 한 편의 영화처럼 상영된다.

파릇파릇 돋아난 삘기, 가시를 비집고 움터 오른 찔레 순, 뽕나무에 매달린 오디, 무밭의 설적, 목화밭의 목화송이, 보리이삭의 파란 알맹이, 보리대궁을 뽑아 만든 보리피리, 굴뚝에서 너울거리는 저녁연기, 땀에 젖은 어머니의 삼베적삼, 가로등 역할을 하던 반딧불, 늙은 황소 눈물 흘리듯 깜박이던 등잔불, 그 밑에서 길쌈 짓던 할머니와 어머니, 품앗이를 하던 어진 이웃들, 모든 것은 화자에게만 아니라 이 시대 독자에게도 그 시대상을 연상하게 한다.

현대사회 속에서는 상상도 못한 일들이 문두리의 「향수」를 통해 촘촘하게 나타난다. 삶 자체가 무공해였던 그 시대, 투명하기만하여 산소 같은 시대, 그 시대의 추억들이 보기 드문 보물로 나타나고 있다.

화자도 남다른 감성과 문체로 그 시대상을 그려내고 있어 귀한 작품으로 나타난다. 부족한 것이 없는 이 시대, 물질물명이 모든 것을 대체해 주는 현실이지만 상대적 빈곤감에 허덕이는 모순이 안타깝다.

지금은 경남 '장천'에 공장과 아파트가 들어서서 옛 모습 흔적이 없지만, '장복산 푸른 바다 아늑히 자리 잡은 내 고향 장천은 눈앞에 가득하다'고 고백하는 화자가 있다.

수필은 인간의 마음을 정화시키는 것이 특징이다.

현대문명에 지쳐있는 영혼, 텅 빈 영혼을 위로하며 생기를 줄 때가 있어 삶의 처방전으로 나타날 때가 많다. 일회적인 삶을 살아가는 데에 해답을 제시하고, 때와 장소에 맞춰 격려의 메시지, 희망의 메시지를 안겨준다. 건강한 삶을 살아갈 수 있도록 귀를 기울이게 하는 것이 수필의 매력이다.

작가 문두리의 작품들은 모든 조건을 충족시켜 주고 있다. 풋풋한 감정이 오랜 시간 숙성되어 행복의 바이러스를 전파시켜 준다. 인간의 희로애락을 삶의 창(窓)으로 진입시켜 순수한 시절을 떠올리게 한다. 노스탤지어 이미지가 20세기에는 오명에 시달리던 때도 있었지만, 부정적 측면보다 긍정적 측면이 많다는 사실로 입증된 지 오래다.

추억은 기억의 마술이다. 삶을 사는 동안 과거를 반추하는 것은, '추억'을 통해 독자가 원하는 대로 과거를 극대화시키는 데에 있다. 대수롭지 않게 생각했던 기억도 때와 장소에 따라 자산이 됨을 깨닫게 한다.

문두리는 글을 통해 옛 어른의 생활상과 정서를 제공해 주고 있어, 사라져가는 것에 대해 생각하게 하는 것이 특징이다. 화자는 수필가인 반면 시조시인이라 남다른 문체와 감성을 지니고 있다.

열심히 살아가는 모습에서도 지금은 망설일 때가 아니라 선택하고 결정할 때, 머뭇거릴 때가 아니라 실행에 옮길 때임을 깨닫게 한다. 화자의 작품은 경쟁시대 속에서 시달리는 현대인에게 마음의 안식처를 제공해 주고 심리적으로도 평안함까지 느끼게 한다. 옛날 농촌에서나 볼 수 있는 풍경이나 상황을 자연스럽게 보여주며 많은 것을 깨닫게 하는 것이 특징이다.

앞으로도 사라져가는 것에 대해 귀를 기울이고, 극과 극을 달리는 사회를 정화시키는 글을 쓰길 기대한다.